사례관리의 이론과 실제

Theory and Practice of Care Management

김만호 · 정일교

KNOWLEDGE COMMUNITY 공동체

머리말

4차 산업혁명의 핵심영역인 정보, 통신, 의료, 기계 등의 신산업을 중심으로 한국의 산업구조가 급격하게 재편되고 있으며, 사람들의 삶의 방식도 다양하게 변화하고 있다. 산업구조의 급격한 변화는 사회제도, 가족의 구조, 개인의 권리 등에도 커다란 영향을 미치고 있다. 특히 가족 규모는 소규모화되어 1인 가구가 빠른 속도로 증가하고 있다. 가족 규모의 축소로 인하여 전통적인 가족 기능인 돌봄에 대한 가족 구성원의 책임 의식도 약화되고, 약화된 가족 기능을 대신하여 사회제도가 돌봄서비스를 수행하고 있다.

사회적 돌봄은 점차로 그 대상과 영역이 확대되고 있으며, 서비스 전달체계도 공공영역과 민간영역이 역할을 분담하여 다원화되고 있다. 이와 같이 사례관리론은 돌봄이 필요한 사회복지현장에서 종합적으로 활용되는 접근방법론이다. 사례관리는 민간영역에서 전문적으로 실천하여 왔지만, 공공영역에서 재정과 인력의 지원을 통하여 적극적으로 시행하고 있다. 공공영역에서는 사례관리전문가를 채용하여 정신보건영역을 비롯하여 클라이언트에게 지속적으로 서비스를 제공하고 이를 평가함으로써 서비스의 효과성을 높이는 등 사회복지의 새로운 고유 업무로 정착시키고 있다.

민간영역에서는 지역사회보호 차원뿐만 아니라 거주시설인 시설보호 영역에서도 사례관리에 관한 실천적 접근을 강화하고 있다. 기존의 의식주와 같은 클라이언트의 기본적 욕구는 어느 정도 충족한 상태이기 때문에 개별적이고 치료적인 접근으로서의 사례관리를 활용하고자 하는 것이다. 사례관리는 지속적인 서비스의 제공으로 클라이언트의 변화를 끌어냄으로써 사회복지사 본연의 역할과 그 결과에 대한 자부심을 느낄 수 있는 분야라는 점에서 상당한 의미가 있다.

그럼에도 불구하고 사례관리는 학문적 체계가 명확하게 정립되어 있지 못한 것도 사실이다. 사례관리의 이론적 체계도 잘 구축되어 있지 않고, 구체적인 실천기술도 분명하게 정의되어 있지 않다. 사례관리의 적용은 클라이언트의 욕구와 환경적 상황에 맞게 반영하고 있는 실정이며, 본 교재도 그와 같은 한계를 안고 있음을 부인할 수 없다. 이러한 한계는 지속적으로 보완하고 발전시켜야 하는 과업이다.

본 교재는 10장으로 구성되어 있다. 사례관리에 대한 개괄적 소개는 1장 사례관리의 개념, 2장 사례관리의 등장과 발달, 3장 사례관리자의 윤리와 직무에서 설명하고 있다. 사례관리에 대한 이론적 배경은 4장 사례관리의 주요 이론, 5장 사례관리 모델, 6장 사례관리 체계에서 설명하고 있다. 사례관리의 활용은 7장 사례관리 기술, 8장 사례관리 실천과정 : 초기단계, 9장 사례관리 실천과정 : 실행 및 평가단계 그리고 사례관리의 실제 사례는 10장 노인학대 대상자의 통합사례관리에서 설명하고 있다.

본 교재가 사회복지를 전공하고 있는 학생이나 사회복지현장에서 사례관리를 실천하고 있는 실무자에게 필요한 정보를 충분히 담지 못한 아쉬움이 있지만, 향후 지속적으로 수정, 보완하고자 한다. 본 교재가 출판되기까지 인내심을 가지고 기다려주신 공동체 김동훈 대표님과 편집부 직원들께 미안함과 고마움을 전하고자 한다.

2022년 3월

김만호 · 정일교 올림

차 례

CONTENTS

차 례

CHAPTER 01

사례관리의 개념

1. 사례관리의 개념
2. 사례관리의 필요성
3. 사례관리의 특성과 대상
4. 사례관리의 원칙과 목표
5. 사례관리의 기능

CHAPTER 01 사례관리의 개념

학습목표

1. 사례관리의 개념과 필요성에 대해 설명할 수 있다.
2. 사례관리의 특성과 대상에 대해 설명할 수 있다.
3. 사례관리의 원칙과 목표에 대해 설명할 수 있다.
4. 사례관리의 기능에 대해 설명할 수 있다.

1. 사례관리의 개념

1) 개념의 상이성

사례관리(care management)는 서비스를 제공하는 기관에 따라서 다양한 형태로 시행되기 때문에 명확하게 개념을 정의하는 것은 어렵다. 그럼에도 불구하고 사례관리가 장기간에 걸쳐 복합적 문제를 가진 클라이언트에게 지속적으로 서비스를 제공한다는 관점은 어느 정도 합의가 이루어진 것으로 볼 수 있다.

사례관리는 사회복지를 비롯하여 의료, 재활, 정신건강 등 다양한 영역에서 사용되는 개념으로 여러 학문 분야에서 활용되고 있다. 사회복지실천의 한 방법으로 보면 사례관리는 임상적 기술과 서비스를 활용하는 직접적인 서비스를 강조하지만, 거시적인 지역사회복지의 관점으로 보면 클라이언트의 권리를 옹호하거나 지역사회서비스를 연계하는 포괄적 서비스를 강조한다(한국장애인복지관협회, 2008 : 16 부분 수정).

2) 개념의 포괄성

사례관리는 지역사회보호의 일환으로 등장한 것으로 다양하고 복합적인 욕구를 가진 사람들에게 지속적으로 포괄적인 서비스를 제공하기 위한 접근방법이다. 다양화된 개인의 욕구를 충족시키기에는 개별 사회복지시설 및 기관의 프로그램으로는 한계가 많기 때문에 지역사회의 다양한 자원을 활용하여 개인의 선택권을 최대한 배려하기 위한 노력의 일환이다. 즉, 도움이 필요한 클라이언트에게 가능한 한 최적의 자원과 서비스를 제공하기 위하여 서비스 제공시설 및 기관 간의 연계와 협력을 강조하는 포괄적 접근방법이라고 할 수 있다.

3) 사회복지실천의 대표성

사례관리는 클라이언트의 만성적 문제에 대한 서비스의 장기화에 대응하기 위한 대표적 방법으로서 비용효과성을 고려하기 위한 사회복지실천의 한 방법이며, 클라이언트의 육체적 · 정신적 문제해결을 위한 전문적인 서비스를 제공한다. 최근에 사회복지실천에서는 환경적 자원을 중요하게 인식하고 있는데 사례관리는 사회적 지지망에 대한 관심 증가로 서비스의 통합 · 조정 · 지속성을 강화하는 대표적 접근방법이다.

4) 사회복지기관의 협력성

사회복지현장에서 사례관리를 강조하는 이유는 클라이언트의 다양하고 복잡한 욕구를 해결할 수 있는 자체적 역량의 한계 때문이라고 볼 수 있다. 즉, 개별기관의 역량과 자원의 한계를 극복하기 위한 노력이 네트워킹을 통해 해결될 수 있을 것으로 보고 있으며, 궁극적으로 인적 · 물적 자원을 공유하고자 하는 의도를 가지고 있는 것이다. 따라서 클라이언트의 욕구를 중심으로 필요한 자원목록과 자원의 역량을 점검하는 것은 필수적이다.

5) 욕구 중심

사례관리는 전문가의 프로그램과 클라이언트 욕구가 일치될 때 의도하는 효과를 얻어낼 수 있는 실천방법이다. 일반적으로 클라이언트의 욕구는 복합적이므로 다양한 기관의 협력과 연계와 아울러 개별시설 내 부서 간 혹은 담당자 간의 협력과 연계가 필요하다. 복합적인 욕구에의 대응을 단일기관에서 독자적으로 해결하는 것은 시간이 오래 걸리고 힘이 많이 든다. 따라서 클라이언트의 복합적이고 개별적인 욕구에 맞춤형 서비스를 제공하는 것이 필요하며 이러한 욕구 맞춤형 통합적 실천방법을 사례관리라 한다.

2. 사례관리의 필요성

1) 탈시설화의 영향

사례관리는 탈시설화와 밀접한 연관성을 가지고 있다. 전통적으로 사회복지서비스는 거주시설을 중심으로 제공되어 왔으며, 우리나라에서는 여전히 거주시설이 중요한 사회복지서비스 제공자로서의 기능을 수행하고 있다. 하지만 거주시설을 통하여 제공된 서비스의 효과성에 대한 의문이 제기되고, 서비스의 질 저하, 인권침해 등과 같은 부정적 문제가 발생하면서 탈시설화 경향이 증대되어 지역사회보호와 같은 재가복지서비스를 필요로 하게 되었으며, 이에 따라 사례관리의 필요성이 증대되었다.

2) 서비스의 통합성

지역사회에서 서비스를 제공하던 사회복지시설의 기능은 단편적이거나 획일적인 서비스가 중심이어서 클라이언트의 복합적이고 개별화된 욕구와 문제를 해결하는 데 효과적이지 않은 경우가 있다. 따라서 불연속적이고 분산되어 있는 지역사회복지서비스와 자원들을 통합적으로 제공하기 위해 지역사회복지서비스의 연계와 협력은 필수적이다. 지역사회복지서비스를 조정하고 연계하여 사회복지서비스를 패키지화하여 통합적 서비스를 제공하는 것이 사례관리이다. 클라이언트에게 필요한 서비스를 통합적으로 조정함으로써 서비스의 중복성으로 인한 케어비용도 절감할 수 있다.

3) 클라이언트의 역량강화

사례관리의 일차적 목표는 클라이언트의 욕구를 충족하고 문제를 해결하는 것이다. 클라이언트는 자신의 의지와 동기, 능력, 정보, 자신감 등을 충분히 활용하지 못하여 자신의 욕구충족에 실패하고 전문가에게 의존적인 경향을 가지게 되는데, 사례관리는 잠재능력, 강점, 자원 등을 자극하고 활용하여 클라이언트의 역량을 강화하기 위한 접근 방법이다.

4) 서비스에 대한 접근성 향상

사회복지서비스를 이용하는 클라이언트는 대개 복합적인 문제를 가지고 있는 경우가 많다. 하지만 클라이언트는 자신의 문제를 해결할 수 있는 서비스에 대한 정보와 인식이 부족하고 이용방법을 알지 못하여 서비스에 접근하지 못하는 경우가 많다. 사례관리는 클라이언트들이 서비스에 대한 접근을 보다 용이하게 하기 위해 상담, 의뢰, 연계, 조정 등의 적극적인 접근방법을 모색함으로써 서비스에 대한 클라이언트의 접근성을 높이고 있다.

5) 자원의 개발과 분배

클라이언트의 문제는 복합적이지만 문제를 해결할 수 있는 자원은 분산되어 있거나 드러나지 않는다. 이러한 경우 사례관리자는 클라이언트의 문제를 해결할 수 있는 자원을 개발하거나 발견하여 클라이언트에게 연결시켜 주어야 한다. 특히 소수의 클라이언트에게 집중되지 않게 적절하게 배분하는 것이 중요하다.

6) 서비스의 조정과 제공

지역사회의 자원은 공식적으로 존재하고 있는 경우에 많은 지역주민이 공유하게 된다. 하지만 지역사회 자원이 부족한 경우에는 지역주민들이 모두 공평하게 이용할 수 없다. 이러한 경우 사례관리자는 클라이언트의 문제를 중심으로 자원을 효율적으로 분산하여 서비스체계를 조정하고 연계하도록 노력하여야 한다. (한국장애인복지관협회, 2008 : 18-19).

3. 사례관리의 특성과 대상

1) 사례관리의 특성

사례관리는 사회복지서비스의 효과성과 효율성을 높이기 위하여 클라이언트가 가지고 있는 잔존능력을 극대화하여 자신의 역량을 증진하고 사회복지서비스 제공자들을 연계, 협력하여 서비스 전달체계를 구축하는 사회적 관계망이라는 특성을 가지다. 따라서 사례관리는 클라이언트 중심, 역동적 서비스, 지역사회중심, 그리고 통합적 서비스라는 특성을 가지고 있으며, 이를 구체적으로 살펴보면 다음과 같다.

① 사례관리는 클라이언트 중심의 개별화된 서비스를 제공한다. 사례관리는 전통적인 사회 위험을 해결하기 위한 접근방법이 아니라 개인의 심리적 혹은 정서적인 문제를 비롯하여 일상생활을 지원하거나 사회적 활동을 지원하기 위한 것으로서 개별화된 서비스를 제공하는 특성을 가지고 있다. 클라이언트와 가족은 주체적으로 사례관리자와 문제를 논의하여 클라이언트의 욕구에 부합되는 서비스를 제공한다.

② 사례관리는 역동적으로 서비스를 제공한다. 사례관리는 단기간에 제공되는 서비스가 아니라 만성적이며 복합적인 문제를 해결하기 위하여 지속적으로 서비스를 제공한다. 클라이언트에 대한 사정을 근거로 하여 문제해결 전략을 모색하고 서비스 제공기관과 클라이언트의 관계를 조정하고 통합하는 역동적 서비스이다.

③ 사례관리는 지역사회중심의 접근방법을 강조한다. 클라이언트의 문제가 다양하고 복합적이지만, 통합적으로 서비스를 제공하는 시설과 기관은 거의 없다. 따라서 지역사회 내에 존재하는 다양한 서비스 시설과 기관을 통하여 클라이언트의 복합적인 문제를 해결할 수 있다. 즉, 클라이언트의 복합적 문제는 지역사회에서 해결되어야 하는데, 이는 지역사회 내에 존재하는 여러 유형의 사회복지서비스가 클라이언트를 중심으로 협력되어야 한다는 것을 의미한다.

④ 사례관리는 서비스 공급에서 통합적 접근을 강조한다. 클라이언트의 복합적인 문제를 해결하기 위하여 지역사회에 존재하는 다양한 사회복지서비스를 연계하고 협력하여 포괄적으로 서비스를 조정하거나 연계하여 패키지화하고 있다. 클라이언트의 욕구에 맞는 서비스를 제공하기 위하여 클라이언트의 능력과 환경을 조정하고 제공된 서비스를 점검하고 평가한다. 따라서 사례관리는 여러 분야의 전문가가 참여하는 팀워크가 필요하다. 이러한 특성 때문에 사회적 지원망, 혹은 서비스 코디네이션이라는 특성을 가지게 된다.

2) 사례관리의 대상

사례관리의 대상자들은 여러 가지 문제를 복합적으로 가지고 있는 경우가 많다. 정서적 문제, 경제적 문제, 대인관계문제, 의사소통문제, 식사문제, 대소변문제, 만성질환, 원가족 간의 문제 등 다양한 문제들이 노출되어 있다. 이러한 문제를 유형화하여 다음과 같이 사례관리의 대상을 구분할 수 있다(이금진, 2004 : 41 부분 수정).

(1) 초기관리형

초기관리형은 시설에 입소하는 대상자의 초기 사정단계에 주로 적용하는 사례유형이다. 초기의 의료적인 상황과 사회적 서비스의 필요를 조정, 관리하는 단계에 해당한다. 시설 내의 적응이 어려운 상황에서 심리적으로 위축되는 경우, 이를 지지하거나 일상생활동작이나 수단적 일상생활동작에 대한 사정을 통하여 구체적인 서비스를 결정할 수 있다.

(2) 의료형

의료형은 심한 질환, 상해, 치매 등을 비롯하여 입원 혹은 통원하고 있는 대상자들에게 주로 적용하는 사례유형이다. 주로 의료모델에 의하여 전문가의 판단과 지시에 의하여 서비스가 개시되고 진행되는 특성이 강하다. 의료적 서비스와 아울러 심리적 지지를 위한 다양한 서비스의 연계가 필요하다.

(3) 사회형

사회형은 자신감의 상실, 대인관계 부족, 의사소통의 부재 등으로 사회성이 부족한 대상자들에게 주로 적용하는 사례유형이다. 대체로 대상자의 자아정체성 혹은 사회성에 관한 서비스를 다루게 된다. 외부환경에 적응할 수 있는 대상자의 잠재력을 최대한 향상시키는 것이 주요 과제이다. 따라서 대상자의 장점을 중심으로 다양한 경험을 가질 수 있도록 자극을 주는 접근이 요구된다. 다분야의 팀워크를 통하여 의사소통과 전문분야 간 서비스를 포괄적으로 제공할 수 있다.

(4) 의료-사회형

의료-사회형은 의료적, 사회적 문제 등 복합적 욕구를 가진 대상자들에게 주로 적용하는 사례유형이다. 전문가 간, 전문기관 간의 서비스가 장기간에 걸쳐 집중적으로 제공되어야 하며, 일관된 목표를 가지고 다양한 서비스를 제공하되 서비스의 단편성과 비연속성을 줄여 최적의 서비스가 될 수 있도록 하는 것이 바람직하다. 서비스를 조정하고 연결하는 사례관리자의 역할이 무엇보다 중요하다.

4. 사례관리의 원칙과 목표

사례관리는 기본적으로 클라이언트, 지역사회자원, 그리고 이를 통합하는 사례관리자로 구성되어 있다. 사례관리의 원칙과 목표는 다음과 같다.

1) 사례관리의 원칙

(1) 클라이언트 측면

사례관리는 클라이언트의 문제를 해결함에 있어서 사례관리자가 중심이 되는 것이 아니라 클라이언트에 의해 주도적으로 추진된다. 클라이언트의 선택과 자기결정권이 존중된다는 것이다. 당연히 사례관리는 클라이언트의 이익을 대변하고 보장하기 위한 옹호를 포함하고 있다.

(2) 사례관리자 측면

① 사례관리자는 클라이언트의 현재 상황을 가장 중요하게 인식하여야 한다. 즉, 사례관리자는 클라이언트가 고통을 가져오는 과거의 문제에 초점을 두는 대신 앞으로의 삶을 위해 지금 현재 무엇을 할 수 있는지 어떠한 지원할 수 있는지에 관심을 가지고 현재, 여기에서부터 서비스를 시작한다. 물론 클라이언트의 현재와 미래의 삶은 지금까지 살아온 과거가 있기 때문에 존재하므로 과거의 경험을 중요하지 않게 다루는 것은 아니다.

② 사례관리자는 클라이언트가 환경으로부터 적지 않은 영향을 받기 때문에 가족이나 친인척과의 관계에서 파생되는 문제 등을 포괄하여 대응하여야 한다. 즉, 클라이언트의 환경이 클라이언트에게 미치는 영향과 아울러 클

라이언트의 문제가 환경에 미치는 영향에 포괄적으로 대응하여야 한다. 나아가 사례관리자는 클라이언트가 환경과 서로 영향을 주고받는 생태체계적 관점에서 성별, 생애단계, 다문화적 환경 등에 대해서도 잘 대응하여야 한다.

③ 사례관리자는 해결 가능한 욕구를 중심으로 직접적, 간접적으로 개입을 한다. 또한 사례관리는 장기적으로 서비스를 제공하기 때문에 클라이언트의 역량을 최대한으로 활용하여야 하며, 통합된 서비스 기관에서 지속적으로 제공되어야 한다.

(3) 지역사회 측면

사례관리가 미시적으로는 개인의 욕구를 충족하기 위한 구체적 서비스를 제공하는 것이지만 거시적으로는 지역사회에 기반을 두고 지역사회의 자원을 통합하는 것을 목표로 한다. 이는 사례관리가 클라이언트의 복합적 욕구를 충족시키기 위하여 지역사회의 다양한 자원의 연계와 활용을 목표로 하는 사회복지실천방법이기 때문이다.

2) 사례관리의 목표

(1) 클라이언트 잠재능력의 최대화

모든 클라이언트는 잠재능력이 있으므로, 클라이언트의 문제해결능력과 대처능력을 강화시켜 주고, 실제로 문제해결과정에서 클라이언트의 잠재능력을 최대화하여 스스로 문제를 해결하고 변화된 자신의 능력에 자신감을 갖도록 원조한다.

(2) 클라이언트와 가족의 서비스 지원체계 활용능력 배양

클라이언트와 가족이 문제를 해결하기 위해 이용할 수 있는 자원을 발굴하고, 지역사회복지서비스 지원체계에 접근할 수 있는 능력을 배양한다.

(3) 클라이언트를 중심으로 하는 비공식 서비스체계 최대한 활용

클라이언트의 가족, 친지, 이웃 등 지역사회의 비공식적 서비스 또한 클라이언트 문제해결을 위해 중요한 자원이므로, 이를 적극적으로 활용할 수 있도록 원조한다.

(4) 클라이언트의 욕구충족을 위한 공식·비공식 서비스체계의 통합

클라이언트에게 제공되는 서비스가 중복적으로 제공되거나 누락된 서비스가 제공되어 서비스제공의 효율성과 효과성에 문제가 발생할 수 있으므로 서비스의 조정과 연계를 통해 공식·비공식 서비스체계의 통합적 서비스를 제공한다.

5. 사례관리의 기능

1) 사정기능

사례관리에서 사정은 클라이언트의 문제를 파악하여 어떤 서비스를 제공할 수 있는지를 판단하는 기준이 된다. 기본적으로 클라이언트 문제의 명확화에 초점을 두고 문제, 욕구, 자원을 파악한다. 그리고 클라이언트 욕구의 정확한 파악 및 객관적인 문제의 우선순위를 선정한다. 이를 위하여 개인적인 문제 상황, 건강 및 주택상황, 심리·사회적 기능, 경제적 수준, 태도와 가치, 인적상황, 지원된 서비스, 사회적 관계 및 사회자원, 클라이언트의 능력 등을 파악한다.

2) 계획기능

사례관리에서 계획기능은 클라이언트의 욕구충족을 위한 적절한 서비스 방법과 수단을 선택하는 기능이다. 사정단계에서 확보한 클라이언트의 정보를 토대로 종합적인 서비스 계획을 수립한다. 즉, 사회적 네트워크와 서비스, 그리고 사회적 지원활동을 통합할 수 있는 종합적 서비스 계획을 수립한다.

계획기능에서 주의해야 할 것은 다음과 같다. 첫째, 목적과 목표를 명확하고 분명하게 수립하여야 한다. 반드시 실현 가능한 목표를 수립하고 클라이언트의 능력과 기술의 개선을 위한 작은 목표부터 시작한다. 아울러 다양한 해결방안의 제시, 필요한 서비스들의 활용을 위한 과정목표를 수립하는 것이 바람직하다. 둘째, 서비스 제공기관과 사회적 지원기관의 역할 및 책임성을 명확하게 하여야 한다. 서비스 제공 일정을 공유하고 지원기관의 역할과 구체적인 케어 내용을 작성하는 것이 효과적이다. 셋째, 클라이언트의 개별화된 욕구에 맞게 포괄적이고 구체적인 계획을 수립하여야 한다. 목표설정 시에는 행동형태로 기술하거나 방법적인 것을 기술하는 것이 바람직하다. 넷째, 주 서비스 제공자를 파악하여 계획에 참조하되 가능한 한 자원들의 다차원적 접근을 모색한다. 다양한 분야의 전문가, 프로그램, 클라이언트, 기타 관계자 연계 및 신뢰관계를 형성하는 것이 효과적이다.

3) 연계기능

사례관리에서 서비스의 연계기능은 공식적, 비공식적 모든 자원을 연결하여 클라이언트를 의뢰하는 것을 의미하는데 서비스의 제공, 전문적 관계 수립, 지속적인 점검이 필요하다. 이 과정에서 서비스 이용에 방해가 되는 모든 요소를 극복할 수 있도록 클라이언트를 원조하여야 한다.

서비스 연계의 주된 내용은 다음과 같다.

① 의식주를 기본으로 하는 일상생활 지원

② 의식주 이외의 생활을 지원하기 위한 수단적 일상생활 지원

③ 심리적, 정서적 안정을 도모하기 위한 다양한 활동

④ 신체적, 육체적 건강을 도모하기 위한 다양한 활동

⑤ 질병 등과 관련된 의료활동

⑥ 대인관계 및 사회성 증진을 위한 사회적 활동

⑦ 내부적으로 활용 가능한 자원의 발굴과 조정
⑧ 대상자의 조정능력을 강화하기 위한 집단활동
⑨ 특별한 재능(음악, 미술, 도예 등)을 가진 자원봉사자와의 연계
⑩ 전문적 능력(의료, 물리치료, 컴퓨터, 의상 디자인 등)을 가진 후원자 발굴과 연계, 기타 대상자의 다양한 문제와 욕구를 해결하는 데 필요한 서비스 및 사람과의 연계

4) 조정기능

사례관리에서 서비스의 조정기능은 서비스가 클라이언트에게 일관되게 제공될 수 있도록 여러 기관과의 관계를 조정하는 것이며, 효과성 증진과 개입의 지속성, 상호보완성을 보장하기 위하여 서비스를 통합하는 것을 의미한다. 서비스의 조정과정에서 기관 간 연계는 상호독립적 입장을 취하면서 의미 있는 교환이 이루어져야 한다.

특히 클라이언트의 권리가 침해되지 않도록 옹호하는 역할이 필요하다. 클라이언트의 적절한 서비스 획득에 중점을 두고 클라이언트를 대변하고, 나아가 스스로 대변할 수 있도록 역량을 강화하여야 한다.

5) 평가 및 종결기능

사례관리에서 평가 및 종결기능은 클라이언트에게 제공되는 서비스의 활용성, 효용성을 확인하기 위한 것으로서 클라이언트와 서비스 제공자 등으로부터 상황을 파악하고 클라이언트의 상황개선 정도를 평가한다. 특히 노인, 장애인 등은 신체적 손상으로 상태가 악화될 수 있으므로 정기적으로 상황을 점검하여야 하며, 문제가 해결된 경우에는 종결처리한다. 단, 이 경우에도 사후관리 중에 문제가 발생한 경우나 위기 시에는 항상 서비스를 재개할 수 있는 가능성을 제시하여야 한다.

02
CHAPTER

사례관리의 등장과 발달

1. 사례관리의 등장 배경
2. 사례관리의 발달

CHAPTER 02 사례관리의 등장과 발달

학습목표

1. 사례관리의 등장 배경을 이해할 수 있다.
2. 국가별 사례관리의 발전단계를 구분할 수 있다.
3. 사례관리의 발전단계에 따른 특성을 설명할 수 있다.

사례관리는 사회복지, 간호, 의료 등의 전문 영역에서 지역사회 사회복지사, 방문간호사, 그리고 가정의(family doctor) 등의 다양한 도움이 필요한 사람들을 위해 100여 년 전부터 수행되어 온 전문적인 사회복지 실천 방법이다(권진숙 외, 2010). 그리고 1960년대 인도주의 운동의 영향을 받아 제정된 미국의 정신보건정책 입안으로 만성 정신질환자들이 병원으로부터 지역사회로의 탈시설화가 이루어지고, 의료 및 사회직 지원이 지속적으로 필요한 노인 및 만성 질환자가 증가하여 그 필요성이 제기되었다. 동시에 건강에 대한 관심과 대인복지 서비스에 대한 복합적인 욕구, 그리고 새로운 건강 분야의 전문직들이 생겨나면서 사례관리는 1970년대부터 본격적으로 관심을 받기 시작했다.

1. 사례관리의 등장 배경

복합적이고 장기적인 욕구를 가진 클라이언트의 증가로 인해 사례관리는 사회복지실천 영역에서 점차 그 중요성이 증가하게 되었다. 본 서에는 목슬레이(Divid P. Moxley, 1989)가 제시한 사례관리의 등장 배경 여섯 가지를 중심으로 살펴보고자 한다.

1) 탈시설화 영향

탈시설화(deinstitutionalization)는 정신장애인과 지적장애인이 가정과 지역사회에서 격리되어 대규모 시설에서 생활하던 것을 지양하고 가정과 지역사회로 다시 돌아가는 것을 의미한다. 1960년대 초 미국에서는 대규모 시설에 수용되어 있던 지적장애인과 정신장애인에게 시설병(hospitalism)과 같은 문제가 발생하자 거주시설에서 퇴소시켜 가정과 지역사회로 돌려보내는 정책을 전개하였다. 대규모의 거주시설에서 서비스를 제공하는 것은 모든 것이 구비되어 있는 시설 내에서 중앙집권적인 관료주의를 통해 서비스가 이루어지는 것으로, 한 시설 내에서 종합적인 서비스가 제공되어 클라이언트에 대한 집중적 관리와 서비스 제공이 가능하지만, 외부와의 격리로 인해 클라이언트 개인의 특성이 말살되고, 원래의 질병과 관계없이 시설 보호에 따른 새로운 질병을 유발하였다(Dexter & Harbert, 1983). 그리고 가장 중요한 환경체계인 가족 및 지역사회와의 상호작용을 차단하는 결과를 초래하기도 하였다. 이러한 결과로 시설에 격리되어 있던 장애인들은 지역사회로의 복귀가 점차 불가능해지게 되었다.

이러한 이유로 인해 탈시설화 정책을 전개하였지만, 지역사회에서는 이들의 문제를 해결할 수 있는 통합적인 서비스 체계가 존재하지 않았다. 다양한 기관과 단체에 의해 제공되는 각종 서비스는 단편화와 분산화의 문제로 인해 클라이언트에 대한 적절하고 포괄적인 서비스가 제공되지 못하였다. 특히 정신질환자나 노인의 경우 복합적이고 장기적인 서비스 욕구를 가지고 있기 때문에 가족과 지역사회기관의 부담은 점차 커질 수밖에 없었다.

따라서 탈시설화된 클라이언트의 복합적인 욕구를 해결해 줄 수 있는 통합적인 서비스 제공 방법의 필요성이 제기되었으며, 이들을 지역사회 내에서 지속적으로 보호, 관찰할 수 있는 방법으로 대두된 실천 모델이 바로 사례관리이다(권진숙 외, 2010).

2) 서비스 전달의 지방분권화

1970년대 이후 서구 사회에서 재정적 위기로 중앙정부가 책임지고 있던 복지 부문을 지방정부에 이양하는 정책의 변화를 가져오게 된다. 미국의 경우 1975년 사회보장법 제20장의 성립으로 연방정부와 주정부, 지방자치단체 간의 책임분담이 새롭게 설정되고, 1980년대에는 신자유주의를 표방하는 레이건 행정부가 등장하면서 대인복지서비스의 전달체계에 획기적인 변화가 나타났다(현외성 외, 2012). 즉, 연방정부의 복지재정이 감소되고 행정 및 재정책임이 주 정부로 이관되게 되었다. 이로 인해 주 정부의 재정적 부담이 증가하였으며, 주 정부는 전적으로 재정을 책임져야 하는 주립병원을 축소시키기에 이르렀다. 주립병원의 축소는 만성적인 중증정신질환자의 서비스 축소로 이어지고, 이들은 외래서비스와 지역사회 내 관리로 전환되었다.

그러나 지역사회의 서비스는 서비스 간의 통합이나, 클라이언트와 관련된 서비스 기관들 사이의 조정 장치는 마련되어 있지 못한 상태였다. 뿐만 아니라 클라이언트와 그 가족의 입장에서 볼 때 지역사회의 단편화되고 분산된 서비스를 이용한다는 것은 매우 어려운 일이 아닐 수 없었다. 따라서 분산되어 있는 각 기관의 서비스를 조정하고 조직화하여 클라이언트와 그 가족을 위한 체계적이고 통합적인 서비스를 제공할 수 있는 사례관리 서비스의 필요성이 강하게 제기되었다.

3) 복합적인 욕구의 증가

탈시설화와 서비스 전달의 지방분권화로 인해 복합적인 욕구를 가진 클라이언트가 지역사회에 점차 증가하게 되었다. 이와 같은 클라이언트의 증가는 사례관리 서비스가 증가하게 된 이유 중의 하나이다. 사회복지 현장을 살펴보면 지적장애, 정신장애, 지체장애 등 심각한 의료 문제를 가진 사람뿐 아니라 심리적 어려움, 사회경제적 문제 등으로 도움이 필요한 사람들의 욕구가 급속도로 증가하였다(권진숙 외, 2010). 이들은 복합적이면서 장기적인 서비스 욕구를 가진 집단으로 자신들을 위한 통합적이고 체계적인 서비스가 지역사회에 존재하지 않으면 독립적인 생활을 영위할 수 없다.

기존의 지역사회에 존재하는 서비스의 경우 대체로 한 기관이나 시설에서 하나의 서비스가 이루어지는 경우가 많았으며, 또한 서비스를 제공하는 장소, 연령, 전문가, 시간 등이 분산되어 있었다. 그러나 만성질환자나 노인 등 장기적이고 복합적인 욕구를 가진 클라이언트 집단의 경우는 의료급여, 경제적 문제, 주거, 직업재활, 재사회화, 일상적인 가정생활의 문제, 사회적 활동에 대한 서비스, 정서적 지지 등 다양한 영역의 서비스를 필요로 한다. 이런 이유로 지역사회 내 서비스를 조직하고 통합하여 상호 연계된 서비스를 제공할 수 있는 사례관리 실천 방법이 요구되었다.

4) 기존 서비스의 단편성

미국의 경우 사회복지서비스가 급속하게 증가하기 시작한 1960년대에는 고도로 전문화된 서비스를 제공하거나 협의로 정의된 표적집단에만 서비스를 제공하도록 되어있었다(Intagliata, 1982). 이로 인해 만성질환자나 노인의 경우처럼 다양한 서비스를 필요로 하는 클라이언트는 다양한 공급 주체가 제공하는 서비스를 인식하고 접근하는 데 상당한 어려움을 겪을 수밖에 없었다. 특히 서비스의 주체가 공공부문에서 민간부문으로 변화되고, 서비스망이 고도로 복잡해지고 분산됨에 따라 서비스의 단편성(fragmentation)과 연속성(continuity)의 결여에 따른 문제는 더욱 심각하게 나타났다(Harris & Bergman, 1987, 양정남 외, 2011 재인용). 이로 인해 클라이언트의 욕구가 제대로 충족되지 못했을 경우 서비스 전달 기관의 책임성과 비용효과성 문제들이 제기되었다.

다양하고 복합적인 클라이언트의 욕구를 포괄적이고 연속적인 시스템으로 만들기 위해서는 아동, 노인, 정신보건, 직업재활, 공적·사적 서비스 등과 같이 범주화되어 있는 개별적인 서비스에 대한 조정과 서비스에 대한 책임성과 비용효과성을 높이는 제도의 도입이 필요하게 되었다. 그 결과 서비스 기관과 전문가에 대한 조정과 연계를 위한 사례관리가 등장하게 되었다.

5) 사회적 지지체계의 필요성 증가

1950년대와 1960년대의 경제성장을 기반으로 서구 사회는 국가주도의 복지정책을 실현하여 왔고 다양한 공적 주체에 의한 사회복지서비스를 발전시켰다. 하지만 1970년대 초반 석유파동으로 인한 경제위기는 기존 국가주도의 복지정책에 대한 의문을 증폭시켰으며, 1970년대 중반 이후 복지국가의 위기에 대한 징후가 나타나기 시작했다. 이후 지난 20~30년간 지속해 왔던 방식과는 다른 형태의 정치·경제적 대응과 사회정책의 변화를 모색하게 되었다. 사회복지 부문에서의 변화는 기존 국가주도의 복지정책에서 혼합복지 혹은 복지다원주의가 나타나면서 공적 서비스를 비공식적 서비스로 대체하고자 하는 움직임이 나타나게 되었다. 즉, 복지는 중앙정부뿐 아니라 사회구성원 모두의 노력으로 달성해야 한다는 인식과 비공식적 자원과 관계망의 중요성이 대두되었다.

가족, 이웃, 친구 혹은 일상적 조력자 등은 지역사회에서 클라이언트 삶의 많은 부문에서 실질적인 도움을 제공하고, 클라이언트 삶의 질을 높이기 위한 지원체계이자 관계망이라는 사실이 다양한 시범사업을 통해 확인되었다. 하지만 비전문가인 이들의 지지와 지원이 언제나 긍정적인 영향을 미친 것은 아니었다. 따라서 비공식적 자원과 지지체계에 클라이언트의 문제와 욕구해결을 전적으로 책임지울 수 없는 상황이었다. 이에 비공식 자원과 지지체계에 대한 지원과 질적 차원의 관리와 조정이 필요하였으며, 이런 측면에서 공식적 지원체계와 비공식적 지원체계를 조정하고 통합하는 실천 방법의 필요성에 따라 사례관리가 등장하게 되었다.

6) 사회복지서비스의 비용효과성 제고

사회복지서비스에 대한 비용효과성의 문제는 두 가지 의미를 담고 있다. 첫 번째는 부족한 자원으로 서비스의 효과를 최대화하는 것, 두 번째는 서비스 전달에 소요되는 비용을 줄이는 것이다(박미은, 2020). 그동안 복지서비스의 비용문제는 어느 시대, 어느 국가를 막론하고 서비스의 효과성에 대한 문제로 중요한 쟁점 중의 하나였다.

1970년대 경제 불황으로 서구 자본주의 국가의 경제가 침체되면서 대규모 실업이 발생하고 공공지출을 억제하려는 움직임이 나타났다. 이로 인해 서구 복지국가에서는 기존 국가주도의 복지정책을 민영화하였으며, 민간자원의 중요성이 증가되었다. 그리고 지방분권화를 통해 중앙정부와 지방정부 간의 사회복지에 대한 비용을 분담하였으며, 지방정부에서는 지역주민의 욕구나 수준에 맞는 서비스를 제공하기 위해 지역사회에 존재하는 자원에 대한 정확한 정보와 자원개발, 분산된 서비스에 대한 조정과 통합을 위한 새로운 제도의 필요성이 대두되었다.

그리고 클라이언트에 대한 가족과 지역사회보호에 중점을 두어 한정된 자원 내에서 서비스 전달의 효과를 극대화하는 비용효과성에도 관심을 가졌다(Weil & Karls et al., 1985, 양정남 외, 2011 재인용). 이로 인해 기존의 인력과 자원의 한계 내에서 클라이언트에 대한 서비스의 중복과 낭비를 줄일 수 있는 새로운 전달방식을 필요로 하게 되었고, 그에 대한 대안으로 사례관리가 등장하게 되었다.

2. 사례관리의 발달

1) 미 국

(1) 사례관리의 형성기

미국의 경우 사례관리는 사회복지사업과 간호 영역에서 그 기원을 찾을 수 있다. 사회복지사업에서는 자선조직협회와 인보관운동에서 사례관리의 기원을 찾을 수 있으며, 간호 영역에서도 사례관리가 개인간호, 시설간호, 공중보건의 형태로 시작되었다(강흥구, 2020 : 86).

1877년 자선조직협회(COS : Charity Organization Society)는 서비스 중복을 방지하고 자원을 효율적으로 사용하고자 자선단체들이 구제활동을 조정하여 구호서비스의 중개, 옹호, 자원조정을 통해 클라이언트의 기능을 향상시키려 하였다(박미은, 2020).

1889년 인보관(Settlement House)인 시카고 헐하우스(Hull house)는 이주자와 저소득층 가족을 대상으로 인적사항과 출석에 관한 자료, 서비스 욕구와 지역의 문제, 사회문제 등을 목록화한 색인카드(index card)를 만들어 기록하고 비치하였다(강흥구, 2020; 박미은, 2020). 오늘날 사례관리에서 강조되는 기록유지가 헐하우스에서 비롯되었으며, 사례관리의 옹호기능도 헐하우스에서 시작되었다(강흥구, 2020 : 87).

1895년 뉴욕 동부지역에 헨리복지관(Henry Street Settlement)을 설립한 공중보건 간호사이자 사례관리자인 릴리안 왈드(Lillian Wald)는 공중보건사의 역할을 가족의 사회, 경제, 건강 욕구와 개별적으로 필요한 서비스를 발전시키거나 건강을 유지하기 위해 연계하는 일이라고 하였으며, 사례관리가 비용통제에 기여할 수 있다고 하였다(Gursansky, et al., 2003 : 8-9, 강흥구, 2020 : 86 재인용).

(2) 사례관리의 정착기

이후 사례관리는 메리 리치먼드(Mary Richmond)가 개별사회사업 영역에서 서비스의 조정과 소비자 지향을 강조했던 19세기 말부터 대인서비스(human service) 실천을 위한 하나의 영역으로 인식되었다(권진숙 외, 2010). 리치먼드는 1901년에 클라이언트의 복합적인 욕구를 위해 서비스 기관의 협력과 조정이 필요하다는 점을 지적하면서 초기 사례관리를 개념화하였고 사례관리 모델을 개발하였다. 그리고 체계적인 정보수집, 자원봉사자 훈련, 다학문적 영역의 전문가 협력, 서비스에 대한 이해나 사례회의(case conference)의 개발을 강조하였다(Weil & Karls et al., 1985, 양정남 외, 2011 재인용).

1920년대와 1930년대에는 정신의료 영역에서 공중보건 간호사들의 업무에도 사례관리가 사용되었으며, 아동안내소는 서비스 전달과 사례조정을 위해 사회복지사, 정신과 의사, 심리학자 등의 지식과 기술을 통합한 사례관리 팀 모델을 시도하였다.

1950년대에는 복합적인 욕구를 가진 가족에 대한 효과적인 서비스 방법으로서 사례관리의 개발에 관심을 가졌다. 당시 대부분의 서비스가 극소수의 문제가족 중심으로 단편적으로 제공되었는데 이에 대한 대안으로 사례회의가 조정 장치로 활용되었고, 장애인이나 아동에 대한 학대, 그리고 청소년 비행과 같은 일탈행위가 발생한 가족에게 주로 서비스가 제공되었다(Bertsche & Horejsi, 1980).

(3) 사례관리의 발전기

1960년대의 경우 시민운동과 빈곤과의 전쟁으로 서비스에 대한 권리의식이 증대되어 클라이언트가 적극적 소비자(consumer)로 변화하였고, 클라이언트에 대한 중개와 옹호역할이 발전하였다(Netting, 1992). 이때까지 미국은 주정부의 책임하에 정신질환자들에 대한 관리를 대규모의 주립정신병원에서 장기간 입원시키는 방식으로 진행해 왔다. 그러나 오랜 역사를 가진 대형 주립병원들은 매우 낙후되어 시설 유지에 비용이 많이 들었고, 환자들을 관리하고 약을 먹이는 방식으로 수용하고 있었으며, 이들을 보호 감독하는 직원들의 인건비 또한 많은 비용이 들었다. 이에 주정부는 재정 감축을 시도하게 되었고 이는 정신장애인의 탈시설화에 대한 논의로 이어졌다(김연옥, 2010). 1963년 케네디(John F.

Kennedy) 대통령은 '지역사회보호(community care)'를 권고하고 '지역사회 정신보건센터 건립법(FCMHCA : Mental Retardation Facilities and Community Mental Health Construction Act)'을 제정하였다(조홍식, 1999). 이 법에 근거하여 '지역사회 정신보건센터'가 설립되어 정신질환자들의 입원치료, 외래정신과 치료, 낮 병동, 정신질환 응급환자 치료, 상담 및 교육의 서비스를 제공하는 것을 의무화하였다. 이 법의 제정으로 주정부의 막대한 입원의료 비용 부담은 줄고, 대신 정신보건센터에 대한 재정의 대부분을 연방정부에서 지원하게 되었다. 그러나 외형적으로는 주정부의 비용부담을 줄이고, 입원환자 수를 줄이는 데 성공한 탈시설화 정책은 지역사회보호에 대한 서비스 부족과 비용이 증가하면서 점차 심각한 후유증을 낳기 시작했다.

(4) 사례관리의 조정기

지역사회로 돌아온 정신질환자들은 제대로 서비스를 받을 수 없었고, 지역사회로부터 '유기－재발－재입원'에 이르는 반복을 거듭하게 되었다. 지역사회 정신보건센터를 통한 서비스 제공이 실효를 거두지 못하자 1977년 지미 카터(J. Carter) 대통령은 지역사회 지지체계(CSS : Community Support System) 구축을 연방정부의 재정지원으로 추진하였다.

지역사회 지지체계 모델은 종전의 미흡했던 심리사회재활 측면을 강조하여 현장접근과 지지자원의 관계망 활용 등을 활성화하는 모델이다. 이 모델을 구성하는 핵심적인 서비스 중의 하나가 사례관리이다. 사례관리는 정신장애인들의 복합적이고 다양한 욕구를 해결하기 위한 사회적 서비스에 대한 접근성을 높이기 위해 지역사회서비스의 통합된 체계를 구축하여 네트워크의 효과를 높이고자 적극적으로 도입되었다. 즉, 사례관리는 비용 절감과 지역사회보호를 위해 추진한 연방정부의 정책이 더 이상 축소되지 않도록 지역사회보호를 실제적으로 강화하기 위해 도입된 정책적 수단이다(하지선, 2016).

(5) 사례관리의 확대기

1981년 레이건(Ronald Reagan) 행정부는 포괄재정조정법(Omnibus Budget Reconciliation)을 제정하여 메디케이드를 주정부에 정액교부금(block grant)으로 지급하여 정신보건 서비스의 재정적 책임을 주정부로 이관하였다. 연방정부의 재정지원이 감소되고 행정 및 재정 책임이 주정부로 이관되자 주정부는 재정을 전적으로 책임져야 하는 주립병원을 축소하게 되었고, 이 과정에서 강도 높은 사례관리 프로그램이 실시되었다. 또한 만성 질환을 앓고 있는 노인 인구의 증가로 시설보호에 의한 의료비 지출 증가의 문제가 발생하였고, 가정과 지역사회에서 그들을 보호하도록 하는 프로그램이 개발되면서 사례관리의 대상이 장애인에서 노인으로 점차 확대되었다(Linz et al., 1989).

1990년대부터 정신보건서비스 프로그램의 행정과 재정이 주정부로부터 점차 지방정부로 이관되었다. 이에 지방정부는 서비스에 대한 비용효과적인 측면에서 사례관리를 포함한 다양한 재정관리 전략들과 서비스의 조정과 통합에 다양한 방법들을 시도하였다.

2) 영 국

(1) 사례관리의 형성기

영국의 경우도 20세기 중반까지 대형 정신병원의 장기입원과 치료 중심의 서비스로 인해 의료적 · 사회적 · 경제적 문제를 야기하게 되었다. 이에 인도주의적 관점과 의료의 발달, 서비스 비용 절감에 대한 국가적 의지로 인해 복합적이고 지속적인 서비스를 요구하는 집단에 대한 보호를 지역사회보호로 전환하는 계기가 되었다.

1957년 '정신질환과 정신지체에 관한 왕립법률위원회 보고서' 발간 이후 정신장애인의 탈시설화와 관련하여 예산이 책정되었으며, 1959년 정신보건법(The Mental Health Act) 제정 이후 NHS Trust에 의해 정신보건센터가 운영됨으로써 공식적인 지역보호정책이 시작되었다. 1962년 '대형 종합병원의 단계적 폐쇄를 위한 종합병원대책(Hospital Plan)'이 수립됨으로써 탈시설화는 가속되었으며 이로써 시설수용 예산과 인원이 줄게 되었다(김연옥, 2010). 지역사회에 대한 관심이 높아지던 1968년 지역사회보호의 시발점인 시봄위원회 보고서(Seebohm committee report)가 제출되었다. 이 보고서는 단편적으로 이루어지고 있는 사회서비스의 체계화 및 통합화의 필요성을 강조하였다. 영국정부는 이 보고서를 토대로 1970년에 지방자치단체의 사회서비스법을 제정하였고, 사회복지서비스를 통합하는 사회서비스부(Social Service Department)를 자치단체에 신설하였다(양정남 외, 2011 : 42).

(2) 사례관리의 정착기

1970년대부터 켄트주립대학교(Kent State University)의 대인서비스연구단(PSSRU : Personal Social Service Research Unit)에서 진행된 연구의 성과를 정부가 받아들여 사례관리가 사회복지의 핵심적인 모형이 되었다. 이 대학의 시범 연구에서 경험이 많은 사회복지사가 수용보호 위기에 처해있는 소수의 노인들을 대상으로 예산을 배정받아 시설수용에 드는 비용의 2/3 정도로 공적·사적 부분 및 자원부문(voluntary sector)의 서비스에 접근하면서 개별 노인에 적합한 서비스를 패키지로 제공하였다. 이에 따라 사례관리에 의한 보호비용이 시설수용에 비해 훨씬 적게 들었으며, 사례관리가 예방적이고 비용을 절약하는 방법이라는 인식이 확산되었다(박미은, 2020).

그리고 1970년대 후반 경제위기로 인해 '행정 효율화'에 대한 주장이 커지면서 복지예산 삭감, 복지 프로그램 폐지, 복지기능의 주체를 국가에서 민간으로 이양하는 '민영화' 등이 나타나면서 영국 정부는 지역사회보호정책을 더욱 적극적으로 추진하였고, 실천영역에서는 사회적 환경, 특히 비공식적 지지체계에 대한 관심의 부상으로 사회적 지지망의 개발과 연결이 중요한 개입기법으로 강조되었다. 그 이후 1980년대 후반부터 추진해 온 복지개혁을 통해 사례관리가 핵심적인 서비스 제공방법으로 채택되었다.

(3) 사례관리의 발전기

특히 1988년에 지역사회보호의 개혁방안을 담은 그리피스 보고서(Griffith report)를 발표하였는데, 이 보고서는 '지역사회보호 : 행동을 위한 지침(Community Care : Agenda for Action)'이라는 주제로 다음의 사항을 권고하였다. ① 분명한 정책과 책임자 임명, ② 통합적인 방법의 서비스 전달, ③ 맞춤형 패키지의 개발, ④ 개인의 광범위한 욕구충족, ⑤ 클라이언트의 의견 중시, ⑥ 물리적 환경과 보호를 고려한 최소 기준, ⑦ 경쟁을 통한 서비스의 다양성 도모이다(김 병 외, 2019 : 56). 영국에서 사례관리의 발달은 이 보고서에 기원하였다고 할 수 있다(김미숙 외, 2011).

그리피스 보고서의 내용을 기초로 1990년에는 지역사회중심의 시설보호와 주거보호 서비스에 공공부문뿐만 아니라 민간자원부문의 참여를 촉구한 '국민보건서비스 및 지역사회보호법(The National Health Services and Community Care Act, 1990)이 제정되었고, 그 지침서인 『Care Management and Assessment : Practitioner's Guide and Manager's Guide』(1991)가 각 지방정부에 보급되면서 1994년부터 모든 지역에서 사례관리를 시행하도록 조치하였다.

이 공식적인 지침에서 사례관리의 목표는 ① 다양한 자원의 이용 가능성 확보 및 효율적 사용, ② 지역사회 내 거주를 가능하게 함으로써 개인들의 독립적인 생활보장, ③ 장애와 질병의 예방, ④ 보호에서 존중감 및 평등한 보호기회의 제공, ⑤ 요보호자의 장점과 지원에 기반하여 선택과 자기결정 강조, ⑥ 클라이언트, 보호자 그리고 서비스 제공자의 협력관계의 증진 등으로 설정하였다(박미은, 2015). 같은 시기에 도입된 보호 프로그램 접근(CPA : Care Programme Approach)은 효과적이고 효율적으로 서비스를 제공하기 위한 사례관리 전달체계로 1996년까지 영국 정신보건시스템의 주요 요소로 강조되었다(신창식, 2005).

(4) 사례관리의 조정기

그러나 정신보건정책의 결과는 점차 부정적으로 나타났는데, 미국의 예와 마찬가지로 지역사회보호에 관한 재원을 충분히 확보하지 못함으로써 정신보건서비스체계는 파편화되고 불충분하였다. 정신장애인들은 사회복귀에 수반되어야 할 주간보호서비스, 사회활동 혹은 고용기회의 보장과 같은 포괄적인 서비스를 제대로 제공받지 못하였고, 치료와 보호가 이루어지지 않은 상태로 지역사회에 방치되어 노숙자로 전락하거나 자해와 자살의 위험까지 가지고 있었다. 이후 토니 블레어(Tony Blair)의 노동당 정부에서는 '지역사회보호는 실패하였다'라고 천명하며 새로운 대안을 모색하였다. 이로써 지역사회보호와 사례관리는 새로운 국면을 맞게 되는데 노동당은 1999년부터 2001년까지 약 7억 파운드(한화 약 1조 3천억 원)의 정부 예산을 편성하여 탈시설화의 성공적인 정착을 위해 정신보건서비스 전달체계의 변화, 재정지원 방식의 변화 등 일련의 노력들을 진행하였다(하지선, 2016).

이렇듯 영국은 초창기에 미국의 사례관리 모형을 도입했지만 그 실제적인 실천에서는 미국과 상당한 차이를 보였다. 미국 모형에 따라 개인의 독특한 욕구에 기반한 맞춤형 서비스, 다양한 욕구에 대해 통합되고 조정된 서비스 제공을 위해 지역사회서비스 제공기관을 활용한다는 기본 요소는 그대로 받아들이면서도, 영국에서는 특별히 시설보호에 들어갈 위기에 처해있는 장기보호 대상 노인과 장애인에 초점을 두면서 새로운 사례관리 모형을 개발하였다. 이에 따라 영국에서는 주로 노인을 대상으로 한 비용 절감 차원의 보호관리 모델(managed care model)과 장애인을 대상으로 하는 서비스중개 모델(service brokage model)이 적용되었다. 그리고 미국에서는 사적 서비스 제공기관이 많고 대상인구가 다양해서 상대적으로 덜 조직적으로 보이는 반면 영국은 주로 국가주도의 서비스가 중심인 것도 큰 차이라고 할 수 있다. 현재 영국 사례관리의 특징은 정부가 재정 및 평가와 더불어 사례관리까지 직접 담당하고 공공·민간 서비스 제공기관과 계약을 맺는 2단계 구조로 되어있다. 사례관리의 주체는 공공이 담당하는 공공 사례관리 체계라고 할 수 있다(이봉주 외, 2008).

3) 우리나라

(1) 사례관리의 형성기

우리나라의 경우 서구 사회보다 사례관리에 대한 관심과 인식이 매우 늦었다. 우리나라는 1980년대 초반에 이르기까지 정신장애인을 사회에 위해를 가하는 존재로 인식하고 사회에서 격리하여 시설에 수용하는 것이 마땅하다고 생각하고 있었다. 그러던 중 1983년 한 대중매체에서 무허가 기도원의 정신장애인 인권침해 사실이 보도되면서 정부에서 정신보건에 대한 관심을 가지고 정책을 실시하였다. 하지만 이때 정부의 정책은 정신병원의 병상 확대에 초점이 맞추어져 있었고 이로 인해 대형 정신병원과 정신요양시설이 설립되었다.

그러나 이런 정부의 공적 대응과는 달리 민간에서는 다른 방향의 정신보건 서비스가 진행 중에 있었는데, 1975년 광주의 '성요한 병원'을 중심으로 한 지역사회 정신보건 서비스가 있었고, '태화 샘솟는 집'의 경우는 1986년 미국의 파운틴 하우스(Fountain House) 모델을 도입한 사례관리가 진행되고 있었다. 그리고 1987년 연세의료원은 강화도를, 서울대학교병원은 연천군을 사례관리 시범지역으로 하여 지역사회정신보건사업을 시행하였다(하지선, 2016). 1990년대 초반까지 정부의 정책은 큰 변화가 없었지만, 이 시기에 사회복지 분야와 간호학 분야에서 사례관리에 대한 관심을 가지기 시작했다.

그리고 전통적인 사회복지 측면에서 민간 사례관리는 사회복지관의 재활복지 사업에서 시작되었다. 1992년 정부는 재가복지봉사센터를 사회복지관 부설로 설치하도록 하였고, 이 센터의 중요한 기능 중 하나가 사례관리에 관한 것이었다. 저소득층 노인과 장애인을 대상으로 그들의 문제와 욕구를 파악한 후, 기관 내 서비스뿐 아니라 지역의 다양한 자원을 활용하도록 하였다. 이 사업이 계기가 되어, 다양한 복지현장에서 사례관리에 대해 관심을 갖게 되었다(박미은, 2020 : 43-44).

(2) 사례관리의 정착기

1993년 노인복지법 개정으로 사례관리의 시초라고 할 수 있는 재가복지가 사회복지의 한 분야로 자리 잡게 되었다. 무엇보다 1995년 '정신보건법'의 제정으로 사례관리가 정신보건 분야에서 필수사업의 하나로 지정되었다. 이에 따라 한국정신보건사회복지학회는 정신보건전문요원 수련과정에 사례관리를 공식 도입하였다(권진숙 외, 2010). 1995년 보건복지부는 서울특별시 서대문구의 사회복지관에서 지역사회정신보건사업을 시범사업으로 실시하여 재가 정신질환자를 지역사회 내에서 관리할 수 있는 모델을 개발하였다(이준우 외, 2007). 이로써 공적영역에서의 사례관리는 서대문 정신보건 시범사업에서부터 실시되었다.

(3) 사례관리의 발전기

사회복지관에서 사례관리가 확대된 계기는 2006년 사회복지관 평가에 사례관리 항목이 포함되면서부터이다. 당시 사회복지관의 기능 중에서 재가복지서비스 제공과 관련한 가족복지사업과 지역사회보호사업에서 사례관리가 이루어졌다. 서울시 외에 전국 단위의 사회복지관 평가에 사례관리 항목이 포함된 것은 2009년이었다. 이는 그동안 사회복지관이 자율적으로 수행하던 사례관리사업에 대해 일정한 평가기준을 도입한 것이며, 이로써 사례관리 업무의 표준화 및 서비스향상을 위한 기초가 마련되었다. 그 당시 사회복지관의 평가항목은 '사례회의 실시'에 관한 것이었다(박미은, 2020 : 44).

이후 2012년 '사회복지사업법'의 시행규칙 개정에 따라 사례관리가 사회복지관 3대 기능 가운데 하나로 명시되었다. 사회복지관의 기능 재편과 맞물린 평가 체계의 정교화는 그동안 활발히 진행되었던 민간영역의 사례관리를 보다 체계화시키고 발전시키는 계기가 되었다(민소영, 2015).

(4) 사례관리의 확대기

2000년대 중반부터 공공영역에서 지역사회의 자원과 서비스를 효과적으로 연계하여 서비스 중복과 누락을 방지하고자 사례관리를 적극 도입하고 있다. 그 예로 2005년 '사회복지사업법' 개정을 통해 시·군·구청장의 책임 아래 이용자별 보호 계획을 수립하도록 하면서 사례관리의 근거 조항을 마련하였다(이채식 외, 2020 : 37).

공공전달체계에서 사례관리가 공식적으로 등장한 곳은 2008년 지방자치단체 사례관리 업무 매뉴얼이었다(강흥구, 2020 : 99). 2008년에는 노인장기요양보험제도가 도입되면서 케어의 질 향상을 위해 케어매니저 역할이 등장하기 시작하였다. 2010년 경기도 16개 시·군에 무한돌봄센터, 2010년 서울시 그물망 복지 등 광역시도 차원에서 사례관리사업을 확대하기도 하였다(최은정 외, 2020 : 17). 또한 여성가족부의 각 시·도 건강가정지원센터를 중심으로 사례관리가 시행되었다(강흥구, 2020 : 100).

보건복지부는 2009년 전국 10개 지방자치단체를 대상으로 시범적으로 실시하던 공공사례관리를 2010년 1월부터 전국지방자치단체로 확대하여 기초생활보장수급자와 차상위계층, 그리고 긴급지원가구를 대상으로 복지담당공무원을 사례관리자로 선임하여 대상자 발굴, 욕구조사, 서비스 제공계획 수립, 서비스 연계 및 점검, 종결 등에 이르는 각 단계별 사례관리를 시행하고 있다(권진숙 외, 2013 : 58; 최은정 외, 2020 : 17). 2010년에는 '사례관리사업 안내지침'이 전국 기초자치단체에 배포되며 적용되기 시작했다. 또한 2012년 공공사례관리가 전국의 시·군·구에 전면 도입되었고 사례관리 전담조직으로 사례관리자가 전국에 배치되었다.

특히 2012년 4월부터 전국 230개 시·군·구에 '희망복지지원단'을 설치하도록 하였으며, 희망복지지원단의 핵심 업무를 통합사례관리로 규정하고, 지역사회 공공·민간자원에 대한 체계적인 관리·지원체계를 토대로 복합적이고 다양한 욕구를 가진 대상자에게 복지·보건·고용·주거·교육·신용·법률 등 필요한 서비스를 통합적으로 연계·제공하고, 이를 지속적으로 상담·모니터링하도록 하였다(보건복지부, 2020 : 17).

2016년부터는 시·군·구에서 읍·면·동 허브화 선도사업을 시행하여 읍·면·동 단위로 사례관리가 확대되기 시작하였다(강흥구, 2020 : 100; 최은정 외, 2020 : 17). 이러한 결과를 토대로 2017년부터 찾아가는 보건·복지서비스가 1,527개

읍・면・동에서 시행되었으며, 2018년 전체 읍・면・동으로 확대되었는데 찾아가는 복지전담팀을 설치하고 필요한 경우 각 읍・면・동에서도 통합사례관리를 시행하고 있다(보건복지부, 2019 : 18). 2019년 기준 전체 읍・면・동 3,480개소 중 2,911개소에 찾아가는 보건・복지팀이 설치 운영되고 있다. 이는 전체 읍・면・동의 83.6%에 이른다(보건복지부, 2020 : 3).

이처럼 사례관리는 공공과 민간영역에서 가장 보편적인 사회복지서비스 전달방법으로 자리매김하고 있으며(최은정 외, 2020 : 17), 향후에는 대상자의 복지체감도 향상 및 사업의 성과 확대를 위해 공공과 민간의 협력이 보다 효과적으로 이루어져야 하는 과제를 안고 있다(박미은, 2020 : 47).

03
CHAPTER

사례관리자의 윤리와 직무

1. 사례관리자의 윤리와 가치
2. 사례관리자의 자격과 직무
3. 사례관리자의 자질
4. 사례관리자의 역할

CHAPTER 03

사례관리자의 윤리와 직무

학습목표

1. 사례관리자의 윤리를 이해하고 업무 지침을 작성할 수 있다.
2. 사례관리자의 자질에 적합한 직무를 수행할 수 있다.
3. 사례관리자의 직무에 적합한 역할을 담당할 수 있다.

1. 사례관리자의 윤리와 가치

사회복지사 윤리강령은 사회복지실천 모든 영역에 걸쳐 적용된다. 따라서 사례관리의 윤리와 가치 또한 사회복지실천의 윤리와 가치에 기반을 두고 있다(최은정 외, 2020 : 26). 전미사회복지사협회(NASW, 2013)의 사회사업 표준지침 1의 '윤리와 가치'를 보면 "사회사업 사례관리자는 사례관리의 윤리적 의사결정 지침으로 NASW 윤리강령을 준수하고, 사회사업의 가치와 윤리를 증진해야 한다"고 규정하고 있다. 또한 한국사례관리학회(2016)의 사례관리 표준 실천지침 2의 '윤리와 가치'에서도 "사례관리자는 사회복지전문가로서의 사회복지 가치를 준수하고 사회복지사의 윤리강령을 따라야 한다"고 규정하고 있다.

윤리는 추구하는 신념에 따라 무엇을 해야 하는지, 그리고 그 신념을 어떻게 적용할 것인지와 관련되는 반면에 가치는 바람직한 것에 대한 신념을 강조한다(최은정 외, 2020 : 26). 가치와 윤리의 차이점은 가치는 무엇이 좋고(good) 나쁜가(bad)와 관련된다면, 윤리는 무엇이 옳고(right) 그른가(wrong)와 관련된 것이다.

사회복지실천윤리에서 가치의 문제를 중요하게 다루는 것은 사회복지사의 가치에서 윤리적 원칙들이 나오기 때문이다(엄명용 외, 2006 : 93).

사회복지실천의 가치는 '추구해야 하는 이상적인 것'과 관련된 것이고, 윤리는 '가치를 실현하는 실천적인 것'과 관련된다. 사회복지실천에서의 윤리는 가치에서 비롯되고, 이 윤리는 실천적 원칙을 낳으며, 원칙은 옳고 바른 것을 추구하게 하는 윤리기준을 제공한다(전재일 외, 2004 : 52).

사례관리에서 윤리는 선(good)의 추구보다 어떻게 바람직한 사례관리자가 되느냐에 관심을 갖는데, 사례관리의 목적 달성을 위해 얼마나 업무를 잘(working well)하느냐가 포함되어 있다. 업무를 잘하는 것에는 사례관리의 목적달성 수단이 윤리적으로 수용될 수 있는 것에 초점을 맞추는 것뿐만 아니라 사례관리의 목적을 명확히 하는 것이 포함된다. 사례관리자가 누군가를 위해 결정하거나 누군가에게 희망을 주어야 하는 상황에서 윤리는 특히 중요하다. 또한 다른 것보다 더 좋은 선택을 할 때 윤리는 도덕적 신념에 기초한 의식적인 성찰과정이다(Bowles, 2009 : 61, 강흥구, 2020 : 126 재인용).

사례관리는 클라이언트의 욕구에 근거한 맞춤형 서비스를 강조하면서도 비용의 효과성과 효율성 증진을 추구하는 사회통제적 요소도 내포하고 있다. 여러 학자들은 조정, 비용 절감 등의 체계중심적 접근과 클라이언트의 자율성과 욕구에 근거한 소비자 중심적 접근이 충돌할 때 윤리적 긴장이 유발된다고 언급하고 있다(Frankle & Gelman, 2004; Gursansky et al., 2003; Holt, 2000, 최은정, 2020 : 27 재인용).

강흥구(2020)는 사례관리 문헌에서 나타난 윤리적 갈등이 크게 세 가지로 구분되는데, 자원할당과 관련하여 클라이언트의 자기결정과 정의를 어떻게 증진할 것인가, 정보관리 측면에서 자율성과 비밀보장을 어떻게 할 것인가, 자원통제와 관련하여 옹호의 기능을 어떻게 할 것인가로 귀결된다고 기술하고 있다(Gursansky et al., 2003 : 101-102, 강흥구, 2020 : 127-136 재인용).

최은정 등(2020 : 27-32)은 윤리적 긴장 속에서도 사례관리자가 추구해야 할 가치로 클라이언트의 복지추구, 참여와 자율성 존중, 비밀보장과 사생활 보호를 들고 있다.

2. 사례관리자의 자격과 직무

1) 사례관리자의 자격

우리나라의 경우는 현재 한국사회복지사협회 차원에서 사례관리자 자격요건을 제시한 적은 없다. 그러나 거의 모든 현장에서 사회복지사 1급이나 2급을 소지한 사회복지사들이 사례관리 업무를 수행하고 있다. 또한 한국사례관리학회가 주축이 되어 사례관리 슈퍼바이저 양성과정을 운영해 왔으며, 사회복지관을 비롯한 대부분의 이용시설과 거주시설에 사례관리 전담부서(혹은 담당부서)가 마련되어 있다(박미은, 2020 : 82).

한편 공공영역의 경우 모든 시·군·구에 희망복지지원단이 설치되어 있고, 통합사례관리 사업을 수행하는 인력으로 '통합사례관리자'를 채용하고 있으며, 통합사례관리자의 자격 및 경력기준은 다음과 같다(보건복지부, 2020 : 154).

- 사회복지사 1급 자격증을 취득한 후 사회복시 분야 근무 경력이 2년 이상인 사람
- 사회복지사 2급 자격증을 취득한 후 사회복지 분야 근무 경력이 4년 이상인 사람
- 정신건강사회복지사 2급 이상 자격증을 취득한 후 사회복지 분야 또는 보건 분야 근무 경력이 2년 이상인 사람
- 간호사 면허증을 취득한 후 사회복지 분야 또는 보건 분야 근무경력이 2년 이상인 사람

전미사례관리자자격위원회(NACCM : The National Academy of Certified Case Manager)의 규정에 의하면 위원회의 감독을 2년간(50시간/년) 받으면서 전임으로 사례관리 분야에서 근무한 경험이 있고 사례관리와 관련된 분야(간호, 사회사업, 사회복지, 상담, 심리, 노인학)에서 석사학위를 받은 경우에 사례관리자의 자격을 부여하고 있다. 또 위원회의 감독을 2년간(50시간/년) 받으면서 전임으로 사회복지, 정신보건, 상담이나 사례관리 분야에서 4년간 근무한 경험이 있고 사례관리와 관련된 분야(간호, 사회사업, 사회복지, 상담, 심리, 노인학)에서 학사학위를 받은 경우에 사례관리자의 자격을 부여하고 있다. 혹은 위원회의 감독을 2년간(50시간/년) 받으면서 전임으로 사회사업, 정신보건, 상담이나 사례관리 분야에서 6년간

근무한 경험이 있고 고등학교를 졸업한 경우에 사례관리자의 자격을 부여하고 있다. 이러한 자격 규정은 사례관리자의 역할이 클라이언트의 문제를 해결할 수 있는 임상전문가로서의 자격을 규정한 것이라고 할 수 있다.

미국의 사례관리자자격위원회(CCMC : The Commission for Case Manager Certification)의 자격 규정을 보면 준학사 학위자격증을 소지하고 CCMC(위원회)의 감독을 받으면서 12개월 동안 전임으로 근무한 경우, 혹은 24개월 동안 사례관리 분야에서 전임으로 근무한 경우, 혹은 직접적으로 사례관리서비스를 제공하는 사람들에 대한 감독자로 12개월 이상 전임으로 근무한 경력이 있는 사람으로 제한하고 있다. CCMC의 자격은 NACCM의 규정보다 느슨한 것으로 실무서비스를 제공하는 사람들에 대한 행정업무 담당자로서의 측면을 강조한 것이라고 할 수 있다.

미국사회사업협회의 경우에는 사회복지의 원칙을 반영하여 종합적인 특성으로 규정하고 있다. 그 내용을 살펴보면 다음과 같다.

① 인가된 대학교의 사회복지학과에서 학사학위 혹은 석사학위를 가지고 사례관리활동을 능숙하게 수행할 수 있는 정도의 지식, 기술, 경험이 있어야 한다.

② 우선적 관심이 되는 문제를 가진 클라이언트를 위해 일할 수 있는 전문적 기술과 능력을 사용하여야 한다.

③ 가능한 한 최대한의 범위에서 사례관리 실천의 모든 단계가 포함되어야 한다.

④ 클라이언트의 권리가 보장되고 적정 수준의 비밀보장이 이루어져야 한다.

⑤ 클라이언트와 그 가족을 위한 직접 서비스의 전달이나 조정은 클라이언트 수준에서 이루어져야 한다.

⑥ 서비스 체계의 수준은 기존의 사례관리서비스를 지원하고 필요한 서비스 이론의 접근성을 높이는 수준으로 개입한다.

⑦ 자원 이용, 서비스 이용, 그리고 예산의 한계에 대해 알아야 하고 회계연도 내의 모든 사례관리 기능과 활동에 대한 책임을 져야 한다.

⑧ 사례관리자 개인의 사례관리 서비스뿐만 아니라 사례관리가 운영되는 서비스 전달체계의 적정성과 효과성 평가와 질 관리 활동에 참여하여 전문가로서 책임을 져야 한다.

⑨ 클라이언트와 체계에 개입하는 것과 관련된 사례관리 과업을 수행하기 위해 효과적으로 계획하고 제공하며, 평가할 수 있는 적정수의 사례를 맡아야 한다.

⑩ 예의와 존경으로 동료를 대하고 클라이언트를 대신하여 전문직 간에 혹은 전문직 내 기관 간 협동을 강화하기 위해 노력해야 한다.

2) 사례관리자의 직무

사례관리자의 직무는 사정 및 재사정, 계획, 서비스 실행, 기록, 네트워킹, 자원관리의 단계로 구분할 수 있으며, 직무를 단계별로 구분하여 정리하면 다음과 같다(Bertsche & Horejsi, 1980, 권진숙 역, 2004 : 33-35 재인용).

〈표 3-1〉 사례관리자의 직무

구분	직 무
사정	서비스를 위한 자격요건을 사정하기 위해 클라이언트 그리고 그 가족과 초기 면접을 한다.
	클라이언트, 가족 그리고 다른 기관으로부터 적절하고 유용한 자료를 수집하고, 그 자료를 근거로 클라이언트와 가족에 대한 심리·사회적 사정을 한다.
계획	목표를 세우고 통합적 개입계획을 수립하기 위해 적절한 전문가, 프로그램 대표, 클라이언트, 가족 그리고 의미 있는 타자들이 논의하고 결정을 할 수 있도록 모임을 갖고 지도한다.
	계획에 앞서 모니터하고 목표의 방향과 조정내용을 유지하면서 행동체계 내에서는 정확한 정보가 흐를 수 있도록 관리한다.
재사정	서비스 전달과정에서 예기치 않게 발생한 문제를 신속히 확인하고 클라이언트를 대신하여 문제해결사로서 클라이언트와 가족을 보호한다.
서비스 실행	서비스 제공자와의 사이에서 발생하는 위기와 갈등상황에 있는 클라이언트와 가족을 돕기 위해 정보와 상담을 제공한다.
	클라이언트와 가족을 위해 지속적으로 정서적 지지를 제공하여 그들이 스스로 문제에 잘 대처할 뿐 아니라 전문적이고 복합적인 서비스도 활용할 수 있도록 돕는다.
기록	클라이언트 예후에 관한 필요한 기록을 남겨 관련된 모든 사람들의 계획도 지켜낼 수 있도록 한다.

네트워킹	클라이언트와 가족, 필요한 전문가, 프로그램 그리고 비공식적 자원 간의 연결자가 되어 모든 개입 계획을 포함하여 클라이언트가 선호하는 내용이 알려지고, 필요한 서비스가 확보되고 있다는 것을 알 수 있도록 돕는다.
	프로그램들 사이의 연결자가 되어 자연스럽게 정보가 흐르고 하부체계 간의 갈등을 최소화하기 위한 서비스를 제공한다.
	클라이언트를 위한 현재와 미래의 자원을 동원하기 위해 공식, 비공식자원과 신뢰관계를 형성하고 좋은 관계를 유지한다.
자원관리	클라이언트와 서비스 전달체계의 효과성에 영향을 미치는 정책을 개발하고 수정하는 지위에 올라가기 위해 조직 내에서 좋은 관료로 효과적으로 업무를 수행한다.
	권위적 위치에 있는 사람들에 대한 존경과 지원을 확보하고 유지하여 그들의 영향이 클라이언트를 대신하여 조정 시 참여하는 다른 계획과 기관을 격려하며, 필요시 그들을 활용할 수 있도록 한다.

3. 사례관리자의 자질

사례관리는 개인의 강점을 중심으로 내외적 자원의 적극적 활용을 통하여 개인의 문제를 효과적으로 해결하기 위한 노력이다. 사례관리자는 인테이크 단계에서부터 다양한 역할을 수행하게 된다. 일반적으로 욕구에 부합하는 서비스를 지속적이고 충분하게 받을 수 있도록 조정하는 역할을 담당한다. 사례관리자는 클라이언트의 문제해결에 필요한 복합적인 서비스를 제공하는 역할을 수행하기 때문에 자질과 역량이 매우 중요하다.

바람직한 사례관리자는 인격적인 소양, 가치, 대인관계, 인지기술 등이 뛰어난 사람이라고 할 수 있다. 인격적인 소양이 뛰어난 사람은 에너지와 의욕이 왕성한 사람, 자기 동기화 및 주도성을 가진 사람, 긍정적이며 낙천적인 사람, 창의적이며 혁신적인 사람, 분명하고 일관적인 사람, 자신감이 있는 사람이다. 사례관리자는 클라이언트에게 희망을 만들고 용기를 주는 전문가로서 수용적이고 융통성이 많아야 한다. 이러한 사례관리자의 자질은 클라이언트의 문제해결을 위한 프로그램과 서비스를 연결하는 데 효과적이며 클라이언트의 욕구를 사정하고 직접적 서비스를 제공하고, 문제해결의 장애물을 극복하는 데 효과적이다.

가치적인 측면에서 뛰어난 사람은 정직하고 신뢰할 수 있는 사람, 비심판적이며 수용적인 사람, 공정하고 공손한 사람, 헌신적이며 충성스러운 사람이다. 대인관계 기술이 뛰어난 사람은 민감하며 이해심이 많은 사람, 온정적이며 온화한 사람, 재미있고 말이 통하는 사람, 현상에 대하여 고른 균형감각을 유지하는 사람이다. 그리고 인지기술이 뛰어난 사람은 창의적이고 분석적이고 문제해결적인 사람, 조직적이고 체계적인 사람, 논리적이고 분명한 사람, 융통성이 있으나 일의 추진력이 분명한 사람이다.

반면에 사례관리자로 부적격한 사람은 자율성이 부족한 사람, 사회성이 부족한 사람, 대인관계 능력이 부족한 사람, 보고서 작성능력이 미흡한 사람이라고 할 수 있다. 자율성이 부족한 사람은 계속적인 지도감독이 요구되는 경우, 의욕과 동기를 계속적으로 유지하기 어려운 경우, 주도력이 전혀 없는 경우, 판단력이 부족한 경우, 자신감이 결여된 경우, 많은 시간 동안 부정적이거나 염세적인 느낌을 갖는 경우, 소진이 빨리 오는 경우, 문제를 해결하려는 도전의식이 없는 경우에 자율성이 없는 사람으로 볼 수 있다.

사회성이 부족한 사람은 팀 내에서 일하는 것을 좋아하지 않는 경우, 사람들을 싫어하는 경우, 다양한 종류의 사람들과 편안한 관계를 형성하기 어려운 경우, 유머감각이 없는 경우, 다양한 종류의 사람들과 언어로 의사소통하기에 문제가 있는 경우, 남을 설득하는 데 문제가 있는 경우, 사소한 일에도 스트레스를 받는 경우, 솔직하지 못하거나 관대하지 못한 경우에 대인관계능력이 없는 사람으로 볼 수 있다.

잠재적 자원을 개발하여 연결하고, 클라이언트와 원활한 의사소통을 할 수 있는 사례관리자는 다음과 같은 자질을 가지고 있어야 한다.

① 다양한 역할을 익숙하게 소화하기
② 시간 관리와 효율적 문서작업을 위해 시간 조직화하기
③ 의사소통능력을 강화하기(클라이언트와 원조관계형성, 지지와 격려, 의견 조율 등으로)
④ 다방면의 지식 쌓기(사례관리팀을 구성하여 다양한 문제에 접근하는 방법 모색)
⑤ 윤리적 의사결정하기(자기결정, 비밀보장, 상호존중 등)

⑥ 클라이언트와 객관적 관계 유지하기(과도한 밀착관계, 혹은 의존적 관계 배제)

⑦ 비판적이고 명확한 사고 기르기(전체적인 관점에서 문제를 조망하고 객관적으로 분석)

⑧ 훌륭한 사례관리자가 되기 위한 열망을 실현하기(유연성, 인내심, 자신감 배양)

4. 사례관리자의 역할

사례관리는 클라이언트의 포괄적이고 종합적인 상황의 개선, 즉 삶의 질을 높여 일상생활에서의 만족도를 높이는 것을 목표로 한다. 사례관리자의 역할을 직접적 역할과 간접적 역할로 나누어 살펴보면 다음과 같다.

1) 사례관리자의 직접적인 역할

사례관리자가 클라이언트와 그 가족을 원조하기 위하여 직접적으로 서비스를 제공하기 위하여 다음과 같은 역할을 한다(박미은, 2020 : 109; 최은정 외, 2020).

(1) 상담자

상담기능은 사례관리 전체 과정에서 가장 기본적으로 작용하는 기능으로, 클라이언트와 가족에게 공감과 정서적 지지를 제공하는 근간이 된다. 사례관리자는 신뢰관계를 바탕으로 클라이언트와 가족의 생활상 여러 문제로 발생한 심리·정서적 불안과 힘든 감정들을 공감하며, 클라이언트 스스로가 문제와 욕구를 객관적으로 인지하고, 자신의 삶에 대해 희망과 기대를 가질 수 있도록 지지하며 상담을 진행한다.

(2) 교육자

사례관리자는 클라이언트의 욕구충족에 필요한 지식과 기술을 직접 가르치는 교육자의 역할을 수행한다. 그 예로 클라이언트로 하여금 자신에 대한 이해를 높이며, 감정을 통제하거나 사고방식을 바꾸고, 다양한 생활기술을 익히도록 구체적으로 교육한다. 효과적인 교육을 위해서 사례관리자는 클라이언트 수준에 맞는 정확한 정보제공과 함께 코칭(coaching), 모델링, 역할연습, 실제훈련과 같은 기법을 활용하기도 한다.

(3) 위기관리자

클라이언트나 가족에게 위기상황이 발생하면 사례관리자는 위기관리자(crisis manager)로서 신속하고 정확하게 개입한다. 위기의 정도 및 심각성을 사정한 후 심리적인 안정을 위한 위기상담과 물리적인 원조를 제공하며, 필요시 전문기관으로 의뢰하거나 의료적 도움을 위해 신속한 조치를 취한다.

(4) 지원자

클라이언트의 지기보호 능력이 조금씩 높아지기 시작하면 사례관리자는 지원자(supporter)의 역할을 수행한다. 클라이언트가 사례관리자의 도움으로 자신의 욕구충족을 위한 자원에 접근할 수 있고, 자원을 찾아낼 수 있는 정도로 성장하면, 자기보호와 자기옹호가 가능한 수준에 도달할 수 있도록 개입해야 한다. 이때 지원자로서 사례관리자는 클라이언트가 이러한 주도적인 능력을 익혀 적극 실행하도록 지원한다.

2) 사례관리자의 간접적인 역할

사례관리자가 자원연계와 지역사회활동을 강조하며, 클라이언트의 욕구를 해결하기 위하여 주변 환경체계의 변화와 관련 체계 간의 변화를 가져오고자 개입하는 활동을 말한다(강흥구, 2020 : 109).

(1) 중개자

클라이언트의 욕구에 맞는 적절한 서비스를 제공해 줄 수 있는 기관과 자원을 선택하여 연결해 주는 것을 말한다(권진숙 외, 2013). 중개자(broker)로서 사례관리자는 클라이언트가 필요로 하는 자원을 제 사회기관으로부터 제공받지 못하거나 지식이나 능력이 부족하여 다른 유용한 자원을 활용하지 못할 경우에 클라이언트를 연결시키는 중개자의 역할을 수행한다(이채식 외, 2020).

(2) 연결자

적절한 기관이나 서비스가 선정되면 그 후에는 연결자(linker)의 역할이 필요하다. 이는 곧 의뢰자(referrer)의 역할인데, 보내는 기관과 받는 기관의 과업이 원만하게 이루어지도록 도와주는 것이다. 우선 받는 기관에서 동의가 이루어지면 서비스 제공에 필요한 정보, 즉 클라이언트의 욕구사정과 서비스 계획에 대한 정보를 전달한다(박미은, 2020 : 111).

(3) 점검자

점검자(monitor)로서 사례관리자는 각종 서비스가 원래의 계획대로 잘 실행되고 있는지를 확인하고 변화나 수정해야 할 부분이 있는지 파악하는 역할을 한다. 이때 점검(모니터링)은 서비스의 질적 혹은 양적 측면의 적절성, 각종 급여의 적절성, 클라이언트나 가족의 만족도 등에 초점을 두어야 한다. 점검은 일회성보다는 정기적으로, 단회성보다는 지속적으로 이루어져야 한다(최은정 외, 2020 : 41).

(4) 조정자

조정자로서 사례관리자는 클라이언트의 문제와 원조자들로부터 도움이 필요한 욕구를 사정하고, 원조를 수행하는 과정에서 클라이언트의 욕구와 자원과의 관계, 클라이언트와 원조자들 간의 관계에서 필요한 조정과 타협의 책임이 있다. 사례관리자는 계획을 수립하고 클라이언트가 원조자들과 효과적인 접촉을 할 수 있도록 돕는다. 필요하다면 사례관리자는 갈등을 감소시키고 지지망의 효과성을 증진시키기 위해서 원조자들과 의사소통을 한다(이채식 외, 2020 : 55).

(5) 옹호자

옹호기능은 클라이언트와 가족의 권리에 대한 인권침해나 불평등에 맞서서 이들의 권익을 대변하고 옹호하는 것이다(최은정 외, 2020 : 40). 옹호자로서 사례관리자는 클라이언트가 적절한 서비스를 제공받지 못하거나 부당한 처우를 받을 때 이루어진다(강홍구, 2020 : 111). 권리옹호는 사례관리자가 기관의 결정자보다는 약자의 입장에 있는 클라이언트의 욕구를 그 기관에 대해 대행하는 역할을 수행하는 것을 말한다. 권리옹호 전략의 목표는 클라이언트의 원조를 거부하는 기관과 내결하여 협상하고 클라이언트를 원조할 수 있는 동기를 가지게 하는 것이다(이채식 외, 2020 : 57).

CHAPTER 04

사례관리의 주요 이론

1. 생태체계적 관점
2. 임파워먼트 관점
3. 강점 관점
4. 사회적 지지망 이론

CHAPTER 04

사례관리의 주요 이론

학습목표

1. 사례관리 주요 이론의 특성을 설명할 수 있다.
2. 사례관리 주요 이론의 전략과 유용성을 설명할 수 있다.
3. 사례관리 주요 이론에서 강조하고 있는 클라이언트 역량의 특성을 설명할 수 있다.

사례관리는 사회복지실천의 한 분야로서 기본적으로 사회복지실천에서 활용해 왔던 이론적 배경과 맥락을 같이 한다. 따라서 본 서에서는 환경에 대한 적응과 인간과 환경의 상호작용을 강조하는 생태체계적 관점, 강점 관점에 바탕을 둔 실천 모델이며 인간의 존엄성과 가치, 자기결정과 역량강화를 강조하는 임파워먼트 관점, 클라이언트의 잠재력과 강점을 강조하는 강점 관점, 사람과 사람 사이의 연계와 유대를 강조하는 사회적 지지망 이론 등을 중심으로 살펴보고자 한다.

1. 생태체계적 관점

1) 개 념

생태체계적 관점은 체계이론과 생태학이론이 결합된 것으로 사회체계의 상호작용, 관계의 변화, 적응을 중심으로 환경적 특성을 강조하는 관점이다. 사회체계는 살아있는 유기체로서 변화와 균형의 반복적 과정을 통하여 성장한다는 관점을 가지고 있다(정일교·김만호, 2019 : 78).

생태체계적 관점은 유기체와 환경이 역동적인 평형상태를 유지하면서 함께 성장하는 과정에 관심을 두고 있으며, 이것을 인간행동에 적용하여 인간과 환경 간의 상호작용, 상호의존성, 그리고 역동적 적응과정에 초점을 두고 있다. 이것이 사회복지실천에서 '환경 속의 인간(PIE : Person-In-Environment)'이라는 실천적 틀로 자리 잡게 된 것이다.

2) 특 성

인간은 생물학적, 심리적, 사회적, 문화적 존재로서 환경을 구성할 뿐 아니라 환경에 의해 영향을 받는 역동적 존재이다. 이러한 특성을 전제로 생태체계적 관점은 '환경 속의 인간'이라는 전체적 인간관을 가지고 있다. 사회복지실천 영역에서 생태체계적 관점은 사회문제를 다룸에 있어서 개인, 환경, 개인과 환경 간의 상호적 관계에 모두 초점을 두고 있다(Germain & Gitterman, 1995). 즉, 생태체계적 관점에서는 개인과 환경이 서로 끊임없이 영향을 주고받고 있음을 이해하고, 그런 관계의 측면에서 양자 모두를 관찰하고 파악할 때 클라이언트를 바르게 이해할 수 있음을 강조한다.

콤프톤과 갤러웨이(Compton & Galaway, 1999)는 개인을 둘러싸고 있는 환경을 네 가지 차원에서 구분하였다. 즉, 개인이 처한 개별상황, 미시수준(micro level) 환경, 중간수준(mezzo level) 환경, 거시수준(macro level) 환경으로 구분하였다. 각각의 수준에 속한 체계는 그 수준보다 큰 수준의 체계 내에 놓여있으며, 각 수준체계는 대개 상위수준의 체계와의 상호작용을 통하여 독특한 특성을 만들어 간다.

개인이 처한 개별상황이라는 것은 각 개인이 어느 특정한 순간에 경험하고 인지하는 부분적 환경이다. 부분적 환경은 개인이 직접 마주치는 환경이며, 환경과의 교류경험을 통해 개인은 외부세계에 의미를 부여하고, 외부세계와 상호작용하는 특정한 행동을 발달시키게 된다.

따라서 인간을 둘러싸고 있는 모든 체계는 인간의 삶에 직간접적인 영향을 미치고 이 체계들은 서로 상호작용하는 하나의 전체로 이해해야 하며, 사회복지 실천의 중요한 분야인 사례관리에도 그 유용성이 매우 크다.

3) 생태체계적 관점의 개입전략

생태체계적 관점에 입각한 사례관리의 주요 실천 원칙은 다음과 같다(권중돈 외, 2009).

첫째, 개인과 환경을 분리할 수 없는 존재로 보아야 한다.

둘째, 실천과정에서 사례관리자는 클라이언트와 동등한 파트너십을 가져야 한다.

셋째, 클라이언트의 적응에 영향을 미치는 모든 수준의 체계를 사정함으로써 개인과 환경 사이의 상호작용을 분석하여야 한다.

넷째, 클라이언트에게 스트레스를 유발하는 생활상황과 생활전이를 사정하여야 한다.

다섯째, 개인이나 환경 어느 한 쪽에만 초점을 주는 것이 아니라, 개인과 환경 간의 상호 적합성을 증진시킬 수 있는 개입방법을 모색하여야 한다.

여섯째, 긍정적 관계와 생활경험을 통해 클라이언트의 유능성을 증진시켜 나가야 한다.

일곱째, 사회적 지지는 사례관리자의 원조와 조화를 이룰 뿐만 아니라 전체적 실천 전략의 필수요소로 보아야 한다.

여덟째, 클라이언트와 함께 해결방안을 모색하고 클라이언트의 역량강화(empowerment)에 초점을 두어야 한다.

4) 사례관리에서의 유용성

이러한 생태체계적 관점이 갖는 사례관리의 유용성은 다음과 같다.

(1) 통합성의 확보

생태체계적 관점에서 인간은 환경과의 상호교류를 지지 혹은 방해하는 유전적 잠재력을 갖고 태어난다고 보고, 인간행동이 성장하는 개인과 환경 사이의 상호작용의 산물이라고 보고 있다. 이러한 개인과 환경에 대한 생태체계적 관점은 사례관리의 기본 전제인 '통합성(integration)'의 기반이 된다고 할 수 있다.

(2) 클라이언트의 역량 강화

사례관리에서는 클라이언트를 자신의 문제에 대한 전문가로 보고 있다. 자신의 문제에 대하여 가장 분명하게 알고 있으며, 그 문제를 해결하기 위한 능력이 클라이언트에게 있다고 믿는다. 따라서 사례관리자는 클라이언트의 역량강화를 위하여 내적 요인뿐만 아니라 클라이언트를 둘러싸고 있는 환경체계의 장애요인을 살펴보아야 한다. 그 이유는 클라이언트의 욕구가 클라이언트의 개인 내적인 요인에 의해 발생하는 경우도 있지만, 대체로 환경과의 상호작용 과정에서 부적합하거나 부적절한 기능으로 인해 발생할 수도 있기 때문이다.

(3) 네트워크의 활용

사례관리는 다양하고 복합적인 욕구를 가진 클라이언트가 지역사회에서 자신의 삶을 스스로 꾸려나가도록 하는 것이 최종적인 목적이다. 이러한 목적은 클라이언트 자신뿐만 아니라 클라이언트를 둘러싼 다양한 체계들의 도움 없이는 어려운 일이다. 따라서 클라이언트에게 연속적이고, 통합적이고, 효율적인 서비스를 제공하기 위해서는 클라이언트가 이용 가능한 네트워크를 적극적으로 활용하는 것이 필요하다.

2. 임파워먼트 관점

1) 개 념

임파워먼트(empowerment)는 인간이 환경 속에서 개인적, 대인관계적, 정치적 힘을 증가시킴으로써 삶에 대한 통제권을 획득하는 것이다(정순돌 외, 2007 : 25-26).

임파워먼트 관점은 클라이언트들이 자신의 삶에 대한 결정과 행동에 있어서 역량(power)을 가질 수 있도록 돕는 것을 말하며, 클라이언트의 능력을 발휘하지 못하게 하는 사회적·개인적 장애물을 제거하고 자신의 기능과 능력을 기를 수 있도록 주어진 권한을 찾게 하는 적극적인 활동이다(설진화, 2011 : 104).

따라서 사례관리 서비스의 전 과정에서 클라이언트의 자기인식과 자기통제를 강조하고, 이성과 인지적 수단을 통해 자신의 삶을 통제하여 개인의 능력을 향상시키는 것이다. 임파워먼트 과정에서는 클라이언트의 장점과 역량을 최대한 확대할 수 있도록 해야 하며, 이때 클라이언트는 수동적인 존재가 아니라 적극성을 지닌 능동적인 행위 주체로 간주되어야 한다. 이러한 의미에서 임파워먼트는 사례관리의 목적과 기능에 맥을 같이 한다.

2) 특 성

임파워먼트는 클라이언트가 가진 강점이나 잠재력 등 개인에게 내재되어 있는 힘에 가까이 다가가는 자신감을 제공하고 스스로 갖추어야 할 환경에 대한 대처 능력과 통제력에 대한 인식을 더해준다. 임파워먼트의 특성을 클라이언트에 대한 인식, 임파워먼트의 차원, 전문적 관계에 대한 시각, 역량으로 나누어 살펴보면 다음과 같다.

(1) 클라이언트에 대한 인식

클라이언트를 문제 중심으로 보는 것이 아니라 강점 중심으로 보면서 자원을 동원하고 잠재 역량을 개발하여 클라이언트의 회복력을 강화하고자 한다.

임파워먼트 관점에서 클라이언트는 경험과 역량을 가진 원조과정의 파트너이다. 클라이언트를 파트너로 보는 것은 클라이언트를 잠재력을 가진 인간 및 자원으로 인식하여 클라이언트의 참여를 중시하고 클라이언트의 자기결정권을 강조하는 것이다. 그리고 클라이언트는 자신이 처한 환경과 능력을 가장 잘 알고 있는 사람으로 간주된다(양옥경 외, 2001 : 425).

(2) 임파워먼트의 차원

① 개인적 차원

개인적 차원의 임파워먼트는 개인 스스로에 대한 변화능력 등을 의미하는데 인성, 인지, 동기에서의 자신의 삶에 대한 통제감이라고 보며, 그 자체가 자기 가치에 대한 생각이나 느낌의 수준, 자신을 둘러싼 외부세계와 차별화할 수 있는 수준, 보다 영적인 것을 추구하게 하는 수준까지도 포함한다.

② 대인관계적 차원

대인관계적 차원의 임파워먼트는 다른 사람에 대한 영향력을 의미하는데 대인관계에서 어느 일방에 의해 주거나 받기만 하는 것이 아니라 상호 주고받는 평형관계를 형성하는 것을 의미한다. 따라서 대인관계 차원에서 임파워먼트를 한다는 것은 다른 사람과의 관계에서 효율적인 상호작용을 한다는 것을 의미한다.

③ 구조적 차원

구조적 차원에서의 임파워먼트는 사회구조와의 관계를 의미하는데 사람들은 자기 자신을 변화시킴으로써 힘을 얻기도 하지만 정치적·사회적 상황과 같은 사회구조를 바꿈으로써 보다 큰 힘을 얻고 새로운 기회를 창출할 수 있다. 사회적 수준에서의 자원의 창출은 그 사회의 모든 개인에게 힘을 부여한다.

(3) 전문적 관계에 대한 시각

임파워먼트 관점에서는 클라이언트가 자신의 삶에 대한 주도권을 갖고, 삶에 영향을 미치는 결정을 스스로 할 수 있도록 돕는다. 사례관리자는 클라이언트로 하여금 자신의 욕구를 충족시킬 수 있는 다양한 가능성을 탐색하고 가능하도록 원조해야 한다(강흥구, 2020).

(4) 역량

역량은 개인적 특성, 대인관계, 사회적, 물리적 환경에서 상호작용하는 데 필요한 지식, 기술, 행동력 등을 의미한다. 클라이언트 개인의 문제는 체계의 결점이 아니라 개인적 역량과 환경적 요구 사이의 불일치로 인하여 발생하기 때문에 자원에 대한 정확한 사정과 활용이 필요하다. 따라서 역량은 자원과 기회에의 접근성, 강점 강화, 역량 강화 등을 의미한다.

3) 임파워먼트 관점의 개입 전략

사례관리 실천 현장에서 임파워먼트는 다음과 같은 실천원칙을 가져야 한다(이원숙 외, 2008).

첫째, 여러 가지 형태의 억압에 도전하는 사람들과 임파워먼트 접근으로 함께 일하기 위한 방법에 지속적으로 노력을 기울여야 한다.

둘째, 사례관리자와 클라이언트는 임파워먼트 과정을 공유해야 하며 계획하기, 협력하기, 자율적으로 일하기, 수행평가하기 등이 포함되어야 한다.

셋째, 클라이언트가 가능한 한 스스로를 옹호하고 스스로에게 힘을 부여할 수 있어야 한다.

넷째, 사례관리자는 클라이언트가 가능한 한 자신의 경험, 인식, 소망을 표현하도록 촉진해야 하며, 자신의 선택을 실현할 수 있도록 격려해야 한다.

다섯째, 사례관리자와 클라이언트는 임파워먼트를 달성하기 위하여 함께 노력해야 한다.

여섯째, 사례관리자와 클라이언트는 다양한 임파워먼트 영역인 개인, 가족, 집단, 조직 등의 연결을 최대화해야 한다.

일곱째, 사례관리자는 클라이언트가 상황에 적응하기보다는 도전할 수 있도록 지속적인 힘을 부여해야 한다.

결국 임파워먼트는 클라이언트의 역량을 강화하고, 클라이언트와 클라이언트를 둘러싸고 있는 다양한 체계에 적용하여 클라이언트와 관계된 체계가 함께 성장하고 발전할 수 있도록 적용하는 것이 바람직한 실천이다.

마일리 등(Miley et al., 1995, 이원숙 외, 2008 재인용)은 임파워먼트에 기반하여 서비스를 실시하는 전문가에 대해 클라이언트의 전문성(expertise)과 그들의 적극적인 참여를 독려할 것을 강조하면서, 실천현장에서 3단계로 나누어 대화단계, 발견단계, 발전단계의 실천을 제시하였다.

첫 번째, 대화단계(dialogue phase)는 사례관리자와 클라이언트 간의 상호신뢰를 바탕으로 기본적인 방향과 목적 설정을 정의하고, 협력적인 관계를 시작하고 유지시키는 과정이다. 대화단계의 구체적인 과정은 함께 일하는 것을 준비하고, 파트너십을 형성하며, 도전을 분명히 하고, 강점을 찾고 방향을 설정하는 것이다. 사례관리자가 클라이언트의 현재 상황, 주요 욕구, 강점 등을 파악하는 단계이다. 관계의 목적이 명확하게 수립되어야 한다.

두 번째, 발견단계(discovery phase)는 사례관리자와 클라이언트가 체계적인 해결방안을 위해 필요한 자원들을 찾는 것이다. 자원은 클라이언트가 가지고 있는 내부자원과 클라이언트의 환경으로부터의 외부자원이 있으며, 사례관리자는 클라이언트와 협력하여 변화를 위한 정보를 모으고 발전시켜 분석해야 한다. 발견단계의 구체적인 과정은 자원 체계를 찾고, 자원능력을 분석하고, 해결의 틀을 마련하는 것이다. 클라이언트가 보유하고 있는 자원에 대한 정확한 사정을 통하여 바람직한 결과를 나타내기 위한 계획을 작성한다.

세 번째, 발전단계(development phase)는 구체적인 개입활동이 일어난다. 사례관리자와 클라이언트가 현재 자원을 활용하고 클라이언트의 목표를 달성하기 위한 새로운 선택을 만드는 과정이다. 발전단계는 클라이언트의 변화가 안정되고 강화되며, 강점이 더욱 많아지도록 하는 활동의 시작으로 자원을 활성화하고 기회를 확정하며, 성공을 인식하고 결과를 만들어 내는 과정이다.

〈표 4-1〉 임파워먼트의 실천단계와 전략 및 과업들

단계	활동	전 략	과업들
대화 단계	공유하기	클라이언트가 기존에 가지고 있는 것으로 알고 있는 역량 및 자원 구체화하기	1. 상호협력적인 관계 확립하기 2. 기존 지식 명확화하기 - 클라이언트의 강점과 도전 인지 - 클라이언트의 역할에 대한 사회복지사의 인지 3. 당신이 가지고 있다고 아는 것 다루기 4. 초기방향 정하기 5. 관계를 위한 계약하기(사정에 동의하기)
발견 단계	찾기	클라이언트가 그들이 가지고 있다는 것을 모르는 자원 탐색하기	1. 쉽게 드러나지 않는 당신이 가지고 있는 것 확인하기 2. 부가적인 정보와 사실에 대한 경험과 사고 연결하기 3. 감정을 사정, 확인, 표현하기 4. 대인 상호적인 정보 연결하기 - 클라이언트와 다른 사람으로부터 5. 자원체계 탐색하기 6. 그밖에 클라이언트의 욕구 결정하기(목표설정) 7. 해결로 이끌어 주는 계획 개발하기 8. 변화를 위한 계약하기
발전 단계	강화하기	클라이언트가 아직 활용하지 않은 부가적인 자원 혹은 역량 사정 혹은 확립하기	1. 클라이언트 욕구 구체화하기 2. 클라이언트가 사용하지 않으나 존재하는 자원 사정하기 3. 새로운 자원과 기회 만들기 4. 결론을 위한 계약으로 이끌어 가기

4) 임파워먼트 관점의 유용성

이러한 임파워먼트 관점이 갖는 사례관리의 유용성은 다음과 같다.

(1) 자기결정권과 역량강화

사례관리는 클라이언트 혹은 모든 인간체계가 가장 잘 기능할 수 있도록 각 체계의 자기결정권과 역량을 강화하는 것을 전제로 한다. 임파워먼트 관점은 클라이언트의 잠재적 역량이 무한하다는 긍정적 인식을 가지고 있어 사례관리의 고유한 특성을 잘 반영하고 있다.

(2) 강점 중심

임파워먼트 관점은 클라이언트를 강점 중심으로 사정한다. 클라이언트의 다양한 경험을 통해 형성된 강점을 문제해결과정에 적극적으로 활용할 수 있다. 특히 강점은 모든 클라이언트와 활동할 때, 원조의 전 과정에 적용될 수 있다. 강점은 사례관리자가 사용하는 수많은 실천이론과 모델에 내재되어 있고 서비스 전달체계에 만연해 있는 클라이언트의 병리, 문제, 취약점들에 대한 선입관을 상쇄하는 중요한 영향력을 갖는다.

(3) 파트너십 강조

임파워먼트 관점은 파트너십을 강조함으로써 클라이언트가 변화과정의 객체가 아닌 주체로서 기능하는 토대를 제공하고 있다. 즉, 사례관리자와 클라이언트의 동등한 관계를 인정하는 것이며, 클라이언트의 자발적 선택을 존중함으로써 문제해결에 적극적으로 참여할 수 있다. 클라이언트는 자신이 형성한 관계를 활용하여 문제해결에 필요한 자원을 동원할 수 있다.

(4) 개별성 존중

임파워먼트 관점은 클라이언트의 개별적 상황을 수용하여 문제의 다양성을 존중한다. 사례관리에서 다양한 계층, 다양한 문화, 다양한 문제, 그리고 다양한 접근방법을 인정할 뿐만 아니라 동시에 클라이언트의 독특성을 인정하는 개별화를 존중한다.

(5) 사후관리

사례관리자는 전체 사례관리 서비스 과정이 종결된 후에 클라이언트 뒤로 한 발 물러나게 되고, 사례관리자가 없더라도 클라이언트가 지역사회 내에서 자원체계와 협력적인 관계를 유지하면서 자원을 이용할 수 있는 힘을 갖게 되는 것이다. 궁극적으로 클라이언트가 지역사회에서 건강한 일원으로서의 역할을 수행하며 또 따른 지역사회 구성원의 지지자 역할을 하게 되는 것이다.

3. 강점 관점

1) 개 념

강점 관점은 사례관리자가 개인의 잠재적 자원, 강점, 창조성 같은 다중잠재력을 인정하는 기반을 형성하는 관점이다. 강점 관점에서는 클라이언트를 독특한 존재로 보며, 다양성을 인정하고 존중하면서 클라이언트의 결점에 관심을 가지지 않고 가능한 한 모든 자원을 활용하여 클라이언트의 역량을 강화할 수 있도록 돕는다(양옥경 외, 2011). 따라서 강점 관점은 임파워먼트 과정을 활용하여 클라이언트의 역량을 향상시키고자 하는 사례관리의 중요한 실천 기술이다.

강점 관점은 클라이언트의 문제와 병리 현상보다는 클라이언트가 가지고 있는 장점과 강점을 활용하여 클라이언트의 욕구를 해결하는 것이 보다 효과적이라고 인식하고 있다. 여기서 강점이란 용기, 자신감, 의지, 비전, 희망 등을 의미하며, 클라이언트는 이를 활용하여 자신의 문제에 대한 대처능력, 욕구 해결을 위한 자원과 지지체계의 활용, 대인관계 기술의 활용 등 자신의 자아 기능을 최대한 활용하는 것을 말한다.

기존의 사회복지실천에서는 클라이언트의 문제 상황에 초점을 두고 클라이언트 문제의 원인과 관련된 정보를 수집하여 분석하고, 문제의 원인을 확인한 후 그 원인을 제거하는 방식의 개입이 이루어져 왔다면, 강점 관점은 클라이언트의 문세보다는 강점 또는 건강한 측면에 초점을 두고, 클라이언트의 내부와 외부에 존재하는 자원을 확인하고 이를 적극 활용하는 것에 초점을 둔다. 그리고 병리 중심의 실천에서는 문제해결과정에서도 클라이언트의 의견과 관점보다는 사회복지사의 전문적 지식과 관점에 의한 실천이었다면, 강점 관점에서는 클라이언트가 주체이며, 문제해결을 위한 방법의 선택에 있어서도 클라이언트가 원하는 것에 초점을 두고 사회복지사와 협력하여 성취해 나가는 것을 중요시한다. 기존의 병리적 관점과 강점 관점의 차이점을 제시하면 다음과 같다.

〈표 4-2〉 병리적 관점과 강점 관점의 비교

구분	병리적 관점	강점 관점
인간관	개인을 사례, 즉 진단에 따른 증상을 가진 자로 규정한다.	개인을 독특한 존재, 즉 강점을 가진 기질, 재능, 자원을 가진 자로 규정한다.
치료초점	치료의 초점이 문제에 있다.	치료의 초점이 가능성에 있다.
클라이언트 진술	클라이언트의 진술은 전문가에 의해 재해석되어 진단에 활용된다.	클라이언트의 진술은 그 사람을 알고 평가하는 중요한 방법 중 하나이다.
진술해석	사회복지사는 클라이언트의 진술에 회의적이다.	사회복지사는 클라이언트의 진술을 인정한다.
영유아기 상처	어린 시절의 상처는 성인기의 병리를 예측할 수 있는 전조이다.	어린 시절의 상처는 개인을 약하게 할 수도 있고 강하게 할 수도 있다.
치료핵심	치료의 핵심은 전문가에 의해 고안된 치료계획이다.	치료의 핵심은 개인, 가족, 지역사회의 참여이다.
전문가	사회복지사는 클라이언트 삶의 전문가이다.	개인, 가족, 지역사회가 클라이언트 삶의 전문가이다.
개인발전	개인적 발전은 병리에 의해 제한된다.	개인적 발전은 항상 개방되어 있다.
실천자원	실천을 위한 자원은 전문가의 지식과 기술이다.	실천을 위한 자원은 개인, 가족, 지역사회의 장점, 능력, 적응기술이다.
원조목적	원조 목적은 행동, 감정, 사고, 관계의 부정적인 개인적, 사회적 결과와 증상의 영향을 감소하는 것이다.	원조 목적은 그 사람의 삶에 함께하며 가치를 확고히 하는 것이다.

출처 : Saieebey(1997).

이러한 강점 관점은 심각하고 고질적인 정신장애 성인, 알코올 및 약물 문제로 힘겨워하는 사람, 심한 정서장애 아동 및 그 가족, 교정시설에 있는 사람들, 이웃 및 지역사회, 정책 분석, 사례관리 등에서 활용되고 있으며, 많은 효과를 나타내고 있다(Saleebey, 2009).

2) 특 성

강점 관점은 문제 자체에 대한 관심보다는 해결점을 발견하고 강점을 강화하는 데 관심이 있다. 강점 관점의 기본 전제는 다음과 같다(Saleebey, 1997 : 12-15; Zastrow, 1999 : 61-62, 강흥구, 2020 : 53 재인용 및 부분 수정).

첫째, 모든 개인, 집단, 가족, 지역사회는 강점을 가지고 있다. 둘째, 현재의 어려움은 도전과 기회의 원천이 될 수 있다. 셋째, 개인, 집단, 지역사회의 성장과 변화의 능력은 무한하다. 넷째, 클라이언트를 지원하는 가장 좋은 방법은 그들과 (이러한 자원들의)의 협력에 의한 것이다. 다섯째, 모든 환경은 자원으로 가득 차있다. 모든 환경에는 개인, 집단, 모임, 제도, 다른 사람이 갖는 절실한 욕구에 대응하기 위한 것들이 존재한다.

사례관리 과정에서 클라이언트는 복합적이고 다양한 욕구를 가지고 있으며, 현재의 어려움으로 인해 강점의 발견이 어려울 수 있지만, 사례관리자는 클라이언트를 세밀하게 관찰하여 강점을 발견하고, 이를 지지하고 격려하여야 한다.

또한 사례관리자가 클라이언트의 강점 발견을 위해서는 꾸준한 자기 노력이 선행되어야 한다. 사례관리자는 스스로 자신의 강점을 발견하는 훈련을 통해 긍정적인 자기인식을 할 수 있어야 한다. 이는 강점 관점이 사례관리자의 생활 속에서 실천력을 가지고 있어야 함을 의미한다.

3) 강점 관점의 개입 전략

최근 사례관리에서 강점 관점을 활용하는 실천 사례가 증가하고 있으며, 사례관리 실천에서 강점 관점을 활용하는 개입전략은 다음과 같다(노혜련 외, 2007).

첫째, 모든 사람은 강점이 있다고 믿는다. 그렇기 때문에 사례관리 실천과정은 각 개인의 강점과 관심에 초점을 두고 이를 적극 활용한다. 삶의 고난에도 불구하고 모든 사람은 자신의 삶의 질을 향상시키는 데 필요한 강점을 가지고 있다. 대부분의 경우에 클라이언트는 부정적인 것보다는 긍정적이고 기능적인 면이 많다고 믿는다.

둘째, 모든 사람은 본래부터 배우고, 성장하고, 변화할 수 있는 능력을 가지고 있다. 그렇기 때문에 사례관리 실천과정은 클라이언트에 대한 기대를 가능한 한 높이 설정하고 그들이 갖는 관심, 희망, 꿈에 초점을 두고 전개하는 것이 좋다.

셋째, 클라이언트는 자신을 위한 최선의 것을 결정할 능력이 있으므로 사례관리 실천과정은 클라이언트가 원하는 것에 초점을 맞춘다.

넷째, 사례관리자는 클라이언트와 협력할 때 가장 효과적으로 실천할 수 있다.

다섯째, 모든 환경은 클라이언트를 도와줄 수 있는 잠재적 자원이다. 그렇기 때문에 사례관리자는 가족, 이웃, 친구, 친지 등을 통해서 이미 자연적으로 이루어지고 있거나 앞으로 이루어질 수 있는 비공식적 자원을 먼저 찾아 촉진시키는 것이 필요하다.

이와 같이 강점 관점에서 사례관리자는 클라이언트를 능력 있는 존재로 믿고, 클라이언트가 잠재력을 발휘할 수 있도록 함으로써 클라이언트의 성장 가능성을 높여야 한다. 이 과정에서 자원을 적극적으로 활용해야 하며, 환경에서 또 다른 가능성을 발견할 수 있도록 주의력을 집중해야 한다(강흥구, 2020 : 56).

4) 사례관리에서의 유용성

이러한 강점 관점이 갖는 사례관리의 유용성은 다음과 같다.

(1) 클라이언트의 주체적 역량 활용

강점 관점은 일상생활에서 실패를 경험한 클라이언트에게 강점을 인식하게 하여 자신감을 가지도록 자극한다. 인생에서의 작은 성공을 만들어 줄 수 있는 강점을 활용하도록 주체적 역량을 강화하고 활용할 수 있다.

(2) 한정적 자원을 가진 클라이언트에게 유리

강점 관점은 클라이언트가 가지고 있는 강점을 찾아낸다. 다양한 외부 자원을 동원하고 활용하는 것보다 자신의 강점과 역량을 통하여 문제를 자각하고, 스스로 자신의 문제를 적극적으로 해결할 수 있도록 자극하는 것이 중요하다.

(3) 단기적 목표 수립

강점 관점에서 클라이언트는 과도한 희망을 가지게 하는 장기적 목표보다 작지만 실현 가능하고, 클라이언트가 직접 확인할 수 있는 목표를 제시하는 것이 효과적이다. 실현 가능한 단기 목표를 성취하는 과정에서 자신감과 주체성을 강화할 수 있다.

4. 사회적 지지망 이론

1) 개 념

사회적 지지망(social support network)은 개인이 구성하고 있는 지지적 유대의 관계를 의미한다. 사회적 지지는 타인과의 관계를 통해 제공되는 긍정적 자원으로서 개인의 정신건강과 사회적 적응에 직접 또는 간접적으로 작용함으로써 인간이 경험하게 되는 다양한 변화와 스트레스를 극복해 가는 데 도움을 주는 핵심요소이다.

사회적 지지망은 사례관리를 보다 효과적이고 효율적으로 실행할 수 있는 중요한 자원들이다. 사회적 지지망의 유형으로는 사회적 지지체계, 자조집단, 자연 원조망(natural helping network), 공통적인 문제를 다루는 공식기관의 집단 등이 있는데(Barker, 1995), 사회적 지지망을 다음과 같이 10가지 관계영역으로 구분할 수 있다. ① 가족 성원, ② 일차적인 친척관계, ③ 확대 친척관계, ④ 일을 통해 유지되는 관계, ⑤ 근린지역 내에서의 관계, ⑥ 상점 주인과의 관계와 같은 지역사회 내에서 비공식적인 관계, ⑦ 종교적 유대를 통해 형성된 관계, ⑧ 클럽과 사회집단을 통해 형성된 관계, ⑨ 대인서비스 조직들을 통해 형성된 관계, ⑩ 학교를 통해 형성된 관계 등이다(Moxley, 1989).

2) 특 성

사회적 지지망 이론은 지지적 유대 및 상호작용에 대한 분석이 가능하며, 개인적·환경적 요인들이 어떻게 사회적 지지망에 영향을 미치는지를 밝혀준다. 또한 개인이 인지하지 못한 이용 가능한 잠재적인 자원을 규명해 주고, 개인과 지지망 구성원 간의 교류적 맥락에서의 사회적 지지에 대한 이행 등의 장점을 가진다. 사회복지실천에서의 사회적 지지망은 공식적 지지망, 비공식적 지지망 그리고 공식적 지지망과 비공식적 지지망의 통합적 개념으로 사용되어 왔다(김규수, 2005).

사회적 지지망의 특성을 기능을 중심으로 살펴보면, 정서적 지지, 사회활동적 지지, 도구적 지지로 나누어 볼 수 있다(최정아, 1991). 먼저 정서적 지지는 고립감과 불안을 해소하고 인격적, 정서적, 욕구를 충족시키는 것을 말한다. 신뢰감, 애정, 친밀감, 존경심 등의 심리적인 교류는 클라이언트의 생활에 중요한 영향을 미친다. 정서적 지지의 경우, 존경하고 사랑하는 마음의 전달로 볼 수 있는데, 대다수의 클라이언트의 경우 믿고 의지할 수 있는 사람이 없어 심리적으로 의지할 수 있는 대상이 필요하다. 따라서 정서적 지지는 클라이언트에게 심리적인 안정을 줄 수 있어 중요한 지지기능이라 할 수 있다.

두 번째는 사회활동적 지지로 여가생활을 함께 하거나 단체 활동의 참여, 방문, 오락 등의 활동을 도와주는 것이다. 사례관리 실천에서 대부분의 클라이언트는 질병을 가진 장애인이거나, 혹은 혼자서 활동이 어려운 노인이 대부분이다. 이런 경우 사회활동적 지지는 클라이언트 삶의 질에 큰 영향을 미칠 수 있는 지지기능이 된다.

마지막으로 도구적 지지는 신체적·정신적·경제적 능력이 상실되어 있는 클라이언트에게 금전, 시간 혹은 다른 자원들을 지원해 주는 구체적인 형태의 지지를 의미한다. 특히 지역사회 내에서 자립이 어려운 장애인이나 독거노인의 경우 경제적인 것을 비롯해 일상생활을 수행하는 데 어려움이 많다. 이런 경우 물질적 원조, 서비스, 간병, 집안일 돕기 등은 자립을 하는 데 있어 중요한 자원이라 할 수 있다.

사회적 지지망의 경우 그 구조를 살펴보는 것도 클라이언트가 가진 자원의 질(quality)을 분석하는 데 유용한 방법이다. 사회적 지지망의 구조는 사회적 지지 행위를 원조하거나 원조할 가능성을 가진 사람들로 이루어진 관계들과 이들 관계들 간의 연계로 나타나는 전체적인 망의 양상을 의미한다. 사회적 지지망 구조를 수치에 의해 분석하는 것은 다양한 측면에서 측정할 수 있고, 객관적이기 때문에 신뢰성이 있으며, 자료를 얻기 쉽고 정확하다는 장점이 있다.

3) 사회적 지지망 관점의 개입전략

플로랜드 등(Floland et al., 1981)은 사회적 지지망을 강화하고 활성화시킬 수 있는 대표적인 개입전략을 다음과 같이 제시하였다.

첫째, 개인적 관계망 전략으로 클라이언트가 가족, 친지, 이웃, 서비스 제공자 등과 맺고 있는 관계 혹은 잠재되어 있는 관계에 초점을 두고 강화하거나, 소원해지는 관계를 활성화시키고, 새로운 관계를 수립해 나가도록 도와주는 것이다.

둘째, 자원봉사자 연계 전략으로 사회적 지지망이 제한되어 있는 클라이언트에게 자원봉사자를 육성하여 연계하는 것이다.

셋째, 상호원조 관계망 전략으로 사회적 고립을 줄이고 자원을 공유할 목적에서 공통의 문제, 관심, 배경을 갖고 있는 개인들의 조직화를 도모하는 방법이다.

넷째, 인근 지역 원조자 전략으로 비공식적으로 기존의 중요한 원조 역할을 수행하는 이웃 주민들을 지지 협력하게 함으로써 지역에서의 서비스 개선을 도모하는 방법이다.

다섯째, 지역 활성화 전략으로 서비스의 개선을 계획하고, 욕구충족을 위한 기존의 자원을 확인하기 위해 지역사회 내의 비공식적 여론 지도자들 사이의 연결을 확장시켜 나가는 것을 말한다.

위와 같은 전략으로 사회적 지지망의 활성화를 위한 개입 활동은 다음과 같이 실행한다(설진화, 2011).

첫째, 관계망을 활용할 수 있도록 클라이언트를 준비시킨다. 사회적 지지망의 활용은 그 관계를 유지하고 지향하는 데 기본적으로 의사소통기술이 필요하다. 따라서 클라이언트의 의사소통기술을 사정하고 효과적인 의사소통기술을 교육하는 등 관계망을 활용할 수 있도록 클라이언트를 준비시켜야 한다.

둘째, 공식적·비공식적 원조자를 지지·교육하는 것이 필요하다. 공식적·비공식적 지지자들은 클라이언트를 도와줌으로써 만족감을 얻을 수도 있고, 때로는 좌절감과 소진을 경험하기도 한다. 사례관리자는 이들의 만족감과 좌절감, 소진을 모두 이해하고 인식해야 하며, 지지망의 구성원들이 클라이언트의 욕구를 보다 잘 이해하고, 잘 반응할 수 있도록 지지·교육하여야 한다.

셋째, 공식적 지지망을 개발하여야 한다. 클라이언트가 자조 집단, 이용자 집단 혹은 다른 조직화된 집단 등 다양한 집단에 참여하도록 지지·격려한다. 이러한 지지체계는 비슷한 유형의 문제를 경험하고 있는 다른 클라이언트의 지지체계와 상호작용할 수 있는 기회를 제공하고 전문가와의 전문적인 관계와는 다른 차원의 이해, 격려, 지지 등을 경험할 수 있다.

4) 사례관리에서의 유용성

이러한 사회적 지지망 이론이 갖는 사례관리의 유용성은 다음과 같다.

(1) 지지적 관계의 활용

사례관리에서 클라이언트는 내외적 관계가 단절되거나 부정적인 경우가 많다. 클라이언트의 문제를 인지하고 지지할 수 있는 관계망이 활발하지 않기 때문에 클라이언트에 대한 지지와 격려가 제한적이다. 따라서 공식적, 비공식적 지지망을 확보하여 클라이언트에 대한 관심과 지지를 강화함으로써 클라이언트의 문제를 해결할 수 있는 기회를 만들 수 있다.

(2) 지역사회 자원의 참여

지역사회에는 공식적, 비공식적 자원이 항상 존재하고 있으며, 사회적 지지망의 경계 내에 포함되면 지역사회의 다양한 조직에 참여할 수 있다. 지역사회의 조직은 클라이언트와의 관계를 통하여 친밀감을 형성하고 상호의존적인 교환관계를 형성할 수 있다.

05
CHAPTER

사례관리 모델

1. 홀(Hall)과 동료들의 사례관리 모델 비교
2. 랩과 키르사트(Rapp & Kirsthardt)의 사례관리 모델 비교
3. 얼리와 포트너(Early & Poertner)의 사례관리 모델 비교
4. 우드사이드와 맥클램(Woodside & McClam)의 사례관리 모델 비교
5. 황성철의 사례관리 모델 비교

05 CHAPTER

사례관리 모델

학습목표

1. 사례관리 모델의 특성과 활용가능을 비교, 설명할 수 있다.
2. 사례관리 모델의 적용 환경을 구분하여 설명할 수 있다.
3. 사례관리 모델의 적용을 위하여 모델에 적합한 조직 내 사례관리팀을 구성할 수 있다.

사회복지실천의 다양한 영역 중에서 사례관리는 중요한 실천 방법 중의 하나이다. 그러나 일반적으로 사례관리의 적용 범위는 매우 넓어서 각 영역별로 세분화된 구체적인 모델 유형을 구별하는 것은 쉽지 않다(Walsh, 2000). 따라서 사회복지실천의 공통적인 서비스실천 방법은 유지하면서 클라이언트 욕구의 차이, 소속기관의 유형 및 목적의 차이, 자원의 유형 및 내용의 차이 등에 의해 조금씩 다른 모델들을 적용하고 있다.

그럼에도 불구하고 사례관리 실천에서 사례관리자의 역할, 자원 이용의 범위와 방법, 사례관리의 목적이나 클라이언트를 구분하여 사례관리 모델을 분류하는 것은 전문적인 사례관리 서비스의 발전에 기여할 수 있다. 그리고 사례관리 모델을 잘 이해하는 것이 효과적인 서비스를 제공하는 데 꼭 필요하다. 사례관리 현장에서 활발히 사용되는 사례관리의 각 모델들의 특징과 장·단점을 중심으로 살펴보고자 한다.

1. 홀(Hall)과 동료들의 사례관리 모델 비교

홀(Hall)과 동료들(Hall et al., 2002)은 아이오와주의 농촌지역에서 물질남용 및 중독의 어려움을 겪는 클라이언트를 중점적으로 돕기 위한 혁신적인 개입방법으로 강점 중심의 아이오와 사례관리(ICM : Iwoa Case Management) 모형을 개발하였다(강흥구, 2020 : 158-159). 홀(Hall)과 동료들은 ICM 모델을 설명하기 위해 Pole A 모델, Pole B 모델, PACT 모델, 관리보호(Management Care) 모델을 비교하였다. 이 다섯 가지 사례관리 모델을 홀(Hall)과 동료들은 리질리와 윌렌브링(Ridgely & Willenbring, 1992)에 의해 제시된 11가지 범주와 여기에 '서비스 유형' 항목을 더하여 12가지 범주로 각 모델들의 특징을 구분하였다.

1) Pole A 모델

Pole A 모델은 클라이언트 삶의 실제 환경에서 진행되는 서비스로서 사례관리자와 클라이언트의 비율이 1:10으로 매우 강도 높게 진행되는 모델이다. 서비스의 진행은 팀 중심으로 이루어지며, 모든 팀원이 클라이언트의 정보를 공유하고, 클라이언트는 사례관리 서비스를 24시간 이용할 수 있다.

2) Pole B 모델

Pole B 모델은 전문가 지향적인 실천 모델로서 사례관리자와 클라이언트의 비율은 1 : 75로, 다른 모델에 비해서 클라이언트의 수가 아주 많은 모델에 해당된다. 서비스의 진행은 개별 클라이언트 중심으로 진행이 되지만 클라이언트의 수가 많은 만큼 서비스를 이용하는 것은 사례관리자가 근무하는 기관에서 근무시간에 이루어진다.

3) PACT(Program for Assertive Community Treatment) 모델

PACT 모델의 사례관리 대상은 만성적인 정신질환을 가지고 있는 클라이언트를 위한 서비스이며, 이 모델은 집중사례관리 모델로서 다학제(interdisciplinary) 간 전문 치료 팀에 의해 서비스가 제공되는 것이 다른 모델과의 차이점이다. 전문가와 사례관리자의 비율은 1:5에서 1:15 정도로 매우 집중적으로 서비스가 이루어지며, 24시간 서비스가 제공되고, 서비스 제공 장소는 클라이언트가 살고 있는 생활공간과 사례관리자가 근무하는 기관 모두에서 가능하다. PACT 모델의 경우 서비스 이용은 평생관리의 차원에서 진행되며, 사례관리자의 역할은 임상치료자, 자원관리자, 비용효과 분석가의 역할 등을 수행하게 된다.

4) 관리보호 모델(Management Care)

관리보호 모델의 가장 큰 특징은 비용 절감을 위해 개발되었다는 것이며, 클라이언트와 지역사회 서비스를 연결하는 데 초점을 두고 있다(설진화, 2011). 사례관리의 양이 매우 많은 모델로서 개별적인 서비스가 강조되지만, 서비스는 주로 전화를 이용하며, 24시간 제공이 가능하다.

5) ICM 모델(Iowa Case Management)

ICM 모델은 강점 관점에 기반하여 클라이언트 지향적인 목표를 설정하고 계획을 실천하고자 하는 모델이다. 사례관리자는 클라이언트를 위한 옹호자로 역할하며, 사회복지 또한 타 원조 전문직에서 석사학위를 받아 훈련받은 전문가가 수행하게 된다. ICM 모델에서 사례관리팀 구조는 개별 사례담당과 팀 슈퍼비전의 형태로 이루어진다. 서비스 기간은 대개 1년까지이며, 접촉빈도는 월 1회에서 주 1회로 혼재되어 있다. 클라이언트와 사례관리자의 비율은 중간 정도이며, 서비스의 초점은 클라이언트 중심으로 욕구와 강점에 초점을 두고 포괄적으로 실천된다(최은정 외, 2020 : 72-73).

ICM 모델은 다른 모델들과 비교하면 중간적인 성격을 가진 모델로 PACT 모델에 비해 집중사례관리 측면에서는 제한적이고, 재정 관련 측면에서는 관리보호 모델보다 사례관리자의 권한이 부족한 편이다. 이 모델은 클라이언트가 필요로 하는 서비스를 제공하기 위해 다른 기관에 클라이언트를 의뢰한다. 그러므로 지역사회에 위치해 있는 다른 기관들과 서비스 연계의 목적을 가지고 있으며 클라이언트 지향적인 성격을 가지고 있다고 볼 수 있다(정순둘, 2008).

〈표 5-1〉 사례관리 모델 비교

구 분	Pole A	Pole B	PACT	관리보호	ICM
서비스 기간	무제한	시간 제한적	무제한	필요할 때 (최소한)	1년
접촉 빈도	자주(매일)	분기별 접촉	자주	필요할 때 (최소한)	혼합 (주나 월 단위)
전문가와 클라이언트 비율	낮음(1 : 10)	많음(1 : 75)	적음(1 : 5~1 : 15)	매우 많음	중간(1 : 15 집중/ 1 : 30 최소)
서비스 초점	넓음(포괄적)	좁음(배타적)	넓음	좁음(단일 학문)	넓음
서비스 유형	모든 종류	타인에 의해 제공된 서비스 관리	치료 팀에서 대부분의 서비스 제공	타인에 의해 제공된 서비스 관리와 통제	타인에 의해 제공된 서비스의 기초적 관리
서비스 이용 가능시간	24시간	근무시간 내	24시간	24시간	근무시간, 저녁시간
사례관리 장소	실상황	기관	실상황/ 기관	전화	혼합(기관과 실상황)
클라이언트 관점	소비자 지향적	전문가 지향적	전문가 지향적	재정지원가의 개입에 의한 전문가 지향적	클라이언트 지향적 목표설정, 계획, 달성
옹호/ 감시자	클라이언트 옹호자	요구된 서비스에 대한 대안을 찾는 감시자	혼합	감시자	클라이언트 옹호자
사례관리자 훈련	최상위 수준의 전문학위	직업훈련 (근무지 훈련)	전문학위	전문학위	사회복지 또는 원조 전문직의 석사학위
사례관리자 권한	넓음, 행정적 통제	권한 없음, 설득만 가능	PACT팀 내에서 넓음	재정에 관한 모든 권한	권한 없음, 설득만 가능

사례관리 팀 구조	전적으로 팀 체제 : 모든 사례관리자가 모든 클라이언트 공유	개별적 사례와 초기 사례관리자	전적으로 다학제간 치료 팀 체제	개별적 사례	개별적 사례관리/ 팀 슈퍼비전

출처 : Hall et al.(2002), 정순둘(2008) 재인용.

2. 랩과 키르사트(Rapp & Kirsthardt)의 사례관리 모델 비교

랩과 키르사트(Rapp & Kirsthardt, 1996)는 사례관리 실천의 장(setting)에 따라 지역사회 프로그램(PACT : Program of Assertive Community Treatment) 혹은 전적 지지 모델(full support model), 재활 모델(rehabilitation model), 강점 모델(strength model), 중개자/ 일반적 실천가 모델(expanded broker/ generalist model), 임상사례관리 모델(clinical case management model)로 구분하였다(권진숙 외, 2009).

1) 지역사회 프로그램 혹은 전적 지지 모델

지역사회 프로그램 혹은 전적 지지 모델은 문제 중심의 서비스 접근이다. 여기서 사례관리자는 무엇보다도 클라이언트의 문제해결 과정에서 장애가 될 수 있는 한계에 주의를 기울여야 하며, 개입은 예방과 증상 회복 그리고 도움이 필요한 결함을 보완하고, 지지의 제공과 대처기술의 교육 등으로 지역사회 주민들에게도 서비스를 제공해야 한다. 사례관리자는 팀의 다른 구성원들에 의해 제공된 서비스의 중심에 있어야 하고, 창의적인 서비스 제공을 위해 노력해야 한다.

2) 재활 모델

재활 모델은 치료 개입보다는 예방을 위한 기술 훈련에 더 많이 초점을 두는 개입방법이다. 이 모델에서 사례관리자는 직접 서비스를 제공하기보다는 다른 기관으로 서비스를 의뢰한다. 재활 모델의 초점은 최소한의 전문 서비스만으로 클라이언트가 자신의 삶의 공간인 지역사회에서 성공적이고 만족스럽게 살 수 있도록 돕는 것이다. 사례관리자는 원조 전문가의 역할을 강조하지 않음으로써 클라이언트 삶의 정상화에 기여한다.

3) 강점 모델

강점 모델은 일반적으로 전문적인 서비스 체계 내에서가 아닌 외부 자원에 접근함으로써 클라이언트가 자립적인 삶을 살 수 있게 클라이언트의 강점을 확인하고 훈련하는 것에 초점을 둔다. 강점 모델은 재활 모델과는 달리 사례관리자가 아닌 클라이언트가 직접 계획을 수립하고 추진하는 것이다. 사례관리자는 클라이언트가 자신의 목표를 달성할 수 있는 개별적·환경적 상황을 만든다. 따라서 이 모델은 비공식적 자원을 개발하는 데 있어서 사례관리자의 창의성이 다른 모델에 비해 더 많이 요구된다고 할 수 있다.

4) 중개자/ 일반적 실천가 모델

중개자/ 일반적 실천가 모델은 클라이언트의 입원을 예방하기 위해 공식·비공식의 보호체계 연결에 의존하는 모델이다. 이 모델은 다른 모델에 비해 사례관리자에게 높은 수준의 전문성이나 많은 사례량을 요구하지는 않는다. 사례관리자는 클라이언트에게 직접적인 서비스를 제공하지 않으며, 그들과 친밀한 관계를 맺지 않을 수도 있다.

5) 임상사례관리 모델

임상사례관리 모델은 클라이언트의 개인적인 성장을 위해 사례관리자와 클라이언트 간의 친밀한 관계가 필수적이다. 자원 개발과 연결, 대안적 치료기법에 초점을 두는 것이 특징이다.

3. 얼리와 포트너(Early & Poertner)의 사례관리 모델 비교

얼리와 포트너(Early & Poertner, 1995)는 사례관리자의 역할을 중심으로 치료자 모델, 중개인 모델, 기관 간 팀 연계 모델, 강점 관점 모델 등 네 가지로 구분하였다(정순둘, 2008 재인용).

1) 치료자 모델

치료자 모델은 기존의 사회복지 치료 모델에서 사례관리자의 자원연결 기능을 강화한 모델로서, 클라이언트에 대한 사정은 DSM(미국 정신장애 진단 및 통계 편람, Diagnostic and Statistical Manual Disorders)에 근거하여 이루어진다. 서비스 계획에서는 직접적인 치료가 우선되며, 모니터링은 클라이언트의 피드백을 통해 이루어진다. 이 모델에서는 다른 기관과의 연계는 수동적으로 이루어진다.

2) 중개인 모델

중개인 모델은 기관 간의 협력체계가 잘 구성되어 있지 않은 상태에서 보다 나은 서비스를 제공하기 위해 기관 간의 서비스 중개를 적극적으로 진행하는 모델이다. 사정은 DSM에 의한 사정에서 더 나아가 프로그램 자격 요건으로 확장되어 이루어지며, 모니터링은 주기적으로 이루지는 것이 특징이다.

3) 기관 간 팀 연계 모델

기관 간 팀 연계 모델은 서비스 조정에 합의된 기관들이 적극적으로 협력하여 서비스를 제공하는 모델이다. 사정은 각각의 전문가들에 의해 이루어지며, 서비스에 대해서는 팀 계획이 우선시된다. 주요 사례관리자(key worker)가 서비스 연계에 대한 책임을 지기도 하지만, 팀으로 연결된 사례관리자가 연계를 통해 진행하기도 한다.

4) 강점 관점 모델

강점 관점 모델은 클라이언트와 그 체계가 가진 강점에 초점을 두며, 그들이 사례관리자에게 계속 의존하지 않고 스스로 자원을 연결할 수 있도록 역량강화에 중점을 두는 모델이다. 클라이언트와 관련 체계가 스스로 사례관리자의 역할을 하게 한다. 그러므로 이 모델의 경우 사정은 클라이언트와 그 가족에 대한 강점까지 사정하는 것이 원칙이다.

〈표 5-2〉 얼리와 포트너(Early & Poertner)의 사례관리 모델 비교

기능	치료자 모델	중개인 모델	기관 간 팀 연계 모델	강점 관점 모델
특징	기존의 치료에 사례관리를 추가	서비스 체계가 잘 조정되어 있지 않으므로 클라이언트가 서비스를 잘 받을 수 있도록 중개	클라이언트가 다양한 서비스 체계와 관련되어 있을 경우 다양한 분야의 전문가 팀이 조정하는 기능	클라이언트의 개별적 강점과 그 체계가 가지는 강점에 주목
사정	DSM-III-R에 의한 사정	기능적 사정에 의해 서비스 욕구를 결정하고 재정지원을 목적으로 프로그램 자격 조건을 사정함	각각의 전문가에 의해 사정한 후 팀이 만나 공동으로 종합적이고 임상적 사정을 실시함	클라이언트와 가족의 능력과 자원, 즉 강점 사정
계획	사회복지기관의 치료계획	사례관리자가 클라이언트의 욕구에 부합하는 서비스를 찾아서 연계	서비스에 대한 팀 계획과 주도	클라이언트와 가족이 필요한 자원과 기술을 획득하도록 계획함
옹호	클라이언트와 가족을 위해 필요한 것으로 보이는 다른 서비스를 얻을 수 있도록 옹호	서비스 자격 조건의 유동성을 얻기 위해 다른 서비스 제공자에게 초점을 둠	모든 기관의 서비스 제공자가 서비스 제공에 동의하고 있으므로 옹호 노력이 필요 없음	클라이언트와 가족이 자원을 획득하는 방법을 배울 수 있도록 하고 기관의 변화를 위한 노력을 기울임
모니터링	클라이언트의 피드백을 통해 서비스의 진행 정도를 모니터링함	위기상황이 닥치면 계획 수정. 주기적 점검. 타 기관 사례관리자가 모니터링하기도 함	정기적으로 팀이 모니터링함	클라이언트와 가족의 지속적인 모니터링
연계	부가적 서비스를 위해 지역사회의 다른 기관에 수동적으로 연계	특정한 서비스에 대한 가족의 인지와 재정보증을 포함한 능동적 의뢰	사례관리자가 연계에 대한 책임을 지기도 하고 팀으로 구성된 사례관리자가 각각의 기관 서비스와 연계. 가족이 초기 사례관리자의 역할을 하기도 함	클라이언트와 가족이 효과적으로 자원의 소비자가 되도록 하며, 연계에 대한 책임은 사례관리자, 클라이언트, 가족이 지게 됨. 공식적 자원이 없을 경우 비공식적 자원을 창출함

출처 : Early & Poertner(1995), 정순둘(2008) 재인용.

4. 우드사이드와 맥클램(Woodside & McClam)의 사례관리 모델 비교

우드사이드와 맥클램(Woodside & McClam, 2003)은 사례관리 모델을 사례관리자의 역할에 기반을 둔 모델(role-based case management model), 조직에 기반을 둔 모델(organization-based case management model), 그리고 책임성에 기반을 둔 모델(responsibility-based case management model) 등 세 가지로 구분하였다. 각각의 모델을 목적과 책임성, 사례관리자의 역할, 개입기간과 장·단점을 중심으로 비교하였다(양정남 외, 2009 재인용).

1) 역할기반 사례관리 모델

역할기반 사례관리 모델은 사례관리자가 수행하게 되는 역할에 중점을 둔다. 경우에 따라 사례관리자의 역할은 중개자, 직접 치료자 혹은 중개와 조정의 역할, 비용의 효과성과 효율성에 중점을 둔 역할을 수행하기도 한다. 역할기반 사례관리의 세부 모델에는 일반적 실천가 모델(generalist model), 중개자 모델(broker model), 일차적 치료자 모델(primary therapist model), 비용절감 모델 혹은 비용효과성 모델(cost containment model)이 있다.

(1) 일반적 실천가 모델

일반적 실천가 모델에서 사례관리자는 클라이언트에게 제공되는 모든 서비스에서 클라이언트는 물론이고 클라이언트 집단의 서비스 조정에 전문적 책임을 지는 유일한 접촉 창구의 역할을 한다. 한 명의 사례관리자가 클라이언트 개개인의 치료계획과 서비스에 관여하므로 책임성 있게 대처할 수 있고, 다양한 기능을 수행함과 동시에 자율성이 보장되는 장점이 있다.

(2) 중개자 모델

중개자 모델은 사례관리 모델 중에서 가장 단순한 모델로, 자원을 전달할 수 있는 효과적인 체계가 마련되지 않은 환경에 적합하다. 직접적인 서비스를 제공하기보다 다양한 서비스를 중개하는 역할을 하므로 사례관리자가 반드시 서비스를 제공할 필요는 없다. 사례관리자는 중개자로서 클라이언트의 욕구에 민감해야 하며, 서비스 제공자와 클라이언트 사이의 연계를 위해 전문적인 훈련이 중요하다.

(3) 일차적 치료자 모델

일차적 치료자 모델은 사례관리자 역할의 핵심이 클라이언트를 치료하는 것이며, 이 과정에서 클라이언트는 한 사람의 사례관리자와 접촉하게 된다. 그러므로 이 모델에서 클라이언트는 서비스 과정에서 편리함과 편안함을 동시에 가질 수 있다는 장점이 있다. 그러나 많은 치료자들은 사례관리를 치료의 부수적인 업무로 간주하는 경향이 있다. 따라서 일차적 치료자는 사례관리에 능숙해야 하며, 사례관리 업무를 우선적인 것으로 인식하는 것이 필요하다.

(4) 비용절감 모델 혹은 비용효과 모델

이 모델은 클라이언트가 사례관리 서비스를 받는 과정에서 효율적이고 비용효과적으로 서비스, 치료, 보호 등을 제공받을 수 있다. 따라서 비용절감 모델에서는 사례관리자가 서비스 과정에서 최대한 비용을 효과적으로 사용하는 데 노력을 기울여야 한다.

2) 조직기반 사례관리 모델

조직기반 사례관리 모델은 포괄적 서비스를 제공하고 복합적인 문제를 가진 클라이언트의 욕구를 충족시키는 데 초점을 둔 모델이며, 클라이언트의 욕구에 대한 기관의 서비스가 종합적으로 이루어지는지, 다학문적으로 이루어지는지, 심리사회적 재활에 초점을 두는지에 따라 포괄적 서비스센터 모델(comprehensive service center model), 학제 간 팀 모델(interdisciplinary team model), 심리사회적 재활센터 모델(psychosocial rehabilitative center model)로 구분된다.

조직기반 사례관리 모델의 장점은 사례관리 기관의 서비스가 기관이나 시설에 입소 중인(inpatient) 클라이언트, 기관이나 시설의 외부에서 외래로 서비스를 이용하는(outpatient) 클라이언트, 주거시설을 이용하고 있는(residential) 클라이언트 등으로 구분하여 제공되지만, 기본적으로 한 장소에서 제공된다는 것이다. 또한 클라이언트에 대한 사정은 다각도로 이루어지며 통합적으로 이루어진다. 그렇지만 서비스 계획은 개별적으로 진행되어 모니터링이 쉽게 이루어질 수 있으며, 사례관리 팀의 구성원들은 하나의 팀으로 활동하게 된다(설진화, 2011).

(1) 포괄적 서비스센터 모델

포괄적 서비스센터 모델은 만성정신질환자, 발달장애시설 이용자, 자립생활센터 거주자 등에게 사회적·정서적 지지, 직업훈련, 기숙사 시설 등을 포함한 포괄적 서비스를 제공한다. 그리고 만성정신질환자나 약물남용자 등에게는 타 기관으로부터 재활 프로그램과 같은 서비스를 제공받도록 한다. 포괄적 서비스센터 모델에서는 서비스가 센터 내에서만 제공되는 한계가 있지만 클라이언트가 독립생활기술과 방법을 습득할 수 있게 하는 장점이 있다.

(2) 학제 간 팀 모델

학제 간 팀 모델은 사례관리 과정에서 전문적인 서비스를 제공하는 전문가들로 구성되어 있다. 특정 분야의 전문가인 사례관리자는 특정한 사례관리 기능을 수행하면서 동시에 공동으로 전 사례관리 과정에 책임을 지는 독립적이면서 협력적인 관계를 유지하며, 팀 구성원 전체가 협력하여 서비스를 계획하고 조정, 평가하여 효율적인 서비스를 제공할 수 있다.

(3) 심리사회적 재활센터 모델

심리사회적 재활센터 모델은 클라이언트의 목적과 욕구에 초점을 두며, 클라이언트의 약점을 파악하여 이를 극복할 수 있도록 여러 가지 기술들을 가르친다.

3) 책임성 기반 사례관리 모델

책임성 기반 사례관리 모델은 어떤 사람이 사례관리를 수행하느냐에 따라 가족 모델(family model), 지지적 보호 모델(supportive care model), 자원봉사자 모델(volunteer model), 사례관리자로서 클라이언트 모델(client as care manager model)로 구분된다. 이 모델의 특징은 사례관리 서비스가 전문가에서 비전문가로 옮겨간다는 것이다. 사례관리의 경우 만성적이고 지속적인 보호 욕구를 가진 클라이언트가 많기 때문에 전문적인 사례관리 서비스 과정이 종결된 이후에도 계속적인 서비스가 필요할 수 있다. 이때 가족을 포함한 비공식적 지지체계가 그 역할을 수행할 수 있게 사례관리 서비스에 관한 훈련을 실시할 수 있다. 물론 비상 시나 위기 발생 시 혹은 스트레스 상황에서는 전문적인 사례관리자가 언제든지 서비스를 제공할 수 있다. 이 모델의 목적은 주로 사례관리자의 장·단기적 개입의 필요성에 초점을 두면서 서비스의 조정, 자원봉사자의 도움, 서비스를 받은 경험이 있는 클라이언트에 대한 강점을 강조한다. 따라서 서비스 제공 기관도 비상사태의 발생 여부, 장·단기 서비스의 필요성, 신체적·정신적 질병, 장애 그리고 노인성 문제 등에 따라 달라진다.

이 모델의 장점은 비용 절감에 있으며, 지역사회가 관련되어 있으면서 독립성을 강조하는 데 있다. 반면 단점으로는 사례관리자가 클라이언트에 대한 지식과 기술을 전문적으로 가지고 있지 못하며, 모니터링도 효과적으로 실시할 수 없다는 것과 비공식적 지지체계가 사례관리 서비스를 실시한다는 것은 서비스 제공자가 공식적인 전달체계 내에 있지 않기 때문에 서비스의 조정과 승인에 문제가 있음을 시사한다(정순둘, 2008).

(1) 가족 모델

가족 모델은 발달장애, 신체장애, 만성 정신장애 등을 가진 클라이언트에게 가족이 신속하고 지속적이며, 가장 적절한 서비스를 제공할 수 있다는 것에 초점을 둔다. 따라서 부모 또는 성인 자녀나 배우자에게 발달장애 아동, 기능적 장애를 가진 노인, 지체장애인 등을 보호할 수 있도록 교육하며, 보호의 연속성을 유지하도록 노력해야 한다. 이 모델에서 사례관리자는 가족이 수행하지 못하는 서비스를 보충하여 제공하는 역할을 하며, 특히 사례관리자와 클라이언트, 가족 간의 협력이 무엇보다 중요하다.

(2) 지지적 보호 모델

지지적 보호 모델은 정신보건 영역에서 만성적인 정신장애를 가진 클라이언트에게 심리적 지지를 제공하는 지역사회의 역할에 초점을 두고 있다. 지역사회주민이 직접적인 정신보건서비스를 제공할 수 있으며, 클라이언트에게 제공되는 지역사회의 지지를 효과적이고 효율적인 방법으로 연계할 수 있다.

(3) 자원봉사자 모델

자원봉사자 모델은 지역사회의 자원봉사자가 일정 기간 훈련을 거쳐 사례관리 전문가의 지도감독을 받으면서 만성적인 정신장애인, 신체장애인, 허약한 노인, 발달장애 아동 등의 사례관리자로 활동하는 것이다. 이 모델에서는 사례관리 기관의 직원과 자원봉사자의 공동협동 노력이 중요하다.

(4) 사례관리자로서 클라이언트 모델

사례관리자로서 클라이언트 모델은 사례관리 서비스를 받은 경험이 있는 클라이언트들 중에서 선발하여 철저한 훈련과 지도감독을 통해 사례관리 팀의 일원으로 활동하게 하는 것이다. 대표적인 예로 약물남용자들과 함께하는 프로그램에서 회복상태에 있는 클라이언트가 현재 약물남용자들에게 매개체 역할을 하여 이들을 직접적으로 직면하게 하는 일들을 한다.

5. 황성철의 사례관리 모델 비교

사례관리의 한국적 모형은 대표적으로 황성철(1995)이 제시한 단순형(simple model), 기본형(basic model), 종합형(comprehensive model), 전문관리형(professional model)의 네 가지 유형이 있다.

1) 단순형 모델

단순형 모델에서 사례관리자는 단순히 지역사회의 자원을 연계하는 중개자의 역할을 수행하며, 클라이언트의 욕구 및 인식, 사정과 계획, 서비스 연계를 주로 실시하며, 서비스에 대한 효과성을 점검한다. 따라서 이 모델에서는 전문가 간의 협력이 가장 중요하다. 이 모델은 준전문가, 비전문가(자원봉사자)에 의해 수행되며, 담당 사례 수는 비교적 많을 수 있다(최은정 외, 2020 : 71).

2) 기본형 모델

기본형 모델의 경우 단순히 서비스를 연계하는 것이 아닌 직접적인 서비스가 제공되는 모델이다. 이때 사례관리자의 서비스는 기초 수준의 상담과 조언으로 이루어지며, 클라이언트의 동기부여와 자립능력 함양에 초점을 두고 있다. 사례관리자의 역할을 중개자, 상담자, 지지자로 볼 수 있으며, 담당하는 사례의 양은 30사례 수준이 된다. 이 모델의 수행은 준전문가 또는 전문가(신입 사회복지사)에 의해 수행된다(최은정 외, 2020 : 71). 기본형 모델은 한 사람의 사례관리자가 중요한 클라이언트를 대상으로 종합적으로 서비스를 관리하는 체계이므로 이 모델에서는 팀 접근보다는 개별적인 접근이 선호된다.

3) 종합형 모델

종합형 모델의 경우 기본형에서 제공하는 서비스 수준을 유지하면서 직접서비스 부분이 강조된 형태이다. 이 모델에서 사례관리자의 역할은 중개자, 상담자, 지지자의 역할을 포함하고 전문적인 치료자의 역할이 더해진다. 종합형 모델의 경우 사례관리자의 자격요건은 경험이 풍부한 선임사회복지사와 같은 자격을 요구하며, 담당하는 사례의 양은 10~20사례 내외로 한정되는 것이 바람직하다.

4) 전문관리형 모델

전문관리형 모델은 종합형 모델의 사례관리자 역할에 관리자로서의 역할이 추가되는 형태의 모델이다. 이 모델에서 사례관리자는 클라이언트에 대한 직접서비스는 물론이고 간접서비스까지 제공하는 역할이 포함된다. 관리자란 조직의 위계서열상 상층부에 위치하는 것이 일반적인데 조직의 말단에 위치하여 일선업무를 수행하는 사례관리자에게 관리자적인 지위를 부여할 수 있는가에 대한 의문이 제기되기도 한다(설진화, 2011). 이 모델에서는 개별적인 접근보다는 팀 형성에 의한 접근이 강조되며, 담당 사례의 양은 10사례 미만으로 제한하여 집중적인 사례관리가 이루어진다. 특히 이 모델에서 사례관리자는 특수 분야별 전문가일 것을 강조한다.

〈표 5-3〉 황성철(1995)의 사례관리 모형

구 분	단순형	기본형	종합형	전문관리형
사례관리의 근본 목적	지역사회 자원과 서비스 연계	지역사회 자원과 서비스 연계 및 기초상담, 조언	지역사회 자원과 서비스 연계 및 심층상담, 치료	직접적·간접적 서비스 제공과 관리자로서 서비스 관리
사례관리의 기능	욕구 인식 및 사정, 사례 계획과 서비스 연계, 서비스 점검	적극적 사례 발굴, 사정, 계획, 개입, 서비스 연계, 상담, 서비스 점검	로스만(Rothman)의 15가지 기능수행	기본적인 사례관리 기능과 자원의 분배, 통제, 의사결정 기능 포함
사례관리자의 역할	자원과 서비스 중개자	중개자, 상담자, 교육자, 지지자, 서비스 점검자	자원과 서비스 중개자, 상담/ 치료자, 교육자, 클라이언트 옹호자	연계자, 상담자, 치료자, 교육자 관리자
사례관리자의 교육 및 전문성 정도	비전문가(훈련된 자원봉사자), 준전문가	전문가, 준전문가 (신임사회복지사)	전문가(경력이 풍부한 선임사회복지사)	특별 분야별 전문가

조직 내 사례관리자의 위치와 슈퍼비전	기존의 조직과 업무수행 부서에서 수행, 전문가에 의한 엄격한 슈퍼비전	기존의 조직 내에서 수행, 경험이 많은 사회복지사의 슈퍼비전이 필요	독립된 사례관리 부서, 최소한의 슈퍼비전	독립된 팀 형성, 슈퍼비전이 필요없음
사례관리자의 사례량	비교적 많음	적절함(30사례 내외)	비교적 적음 (10~20사례)	최소한의 사례 (10사례 미만)
개별/ 팀 접근	팀 접근도 가능하나 주로 개별적 접근	개별적 접근	개별적 접근	팀 접근
사례관리자의 업무에 관한 자율성 및 권위의 정도	자율적인 결정권이 없음, 전문가와 협의 요망	어느 정도 자율성이 보장됨	자율적인 의사결정이 보장됨	전문 분야별 자율성이 보장되나 공동 결정 요망

06
CHAPTER

사례관리 체계

1. 사례관리 대상자
2. 사례관리자
3. 사례관리 운영체계
4. 사회자원과 사회적 네트워크

06 CHAPTER 사례관리 체계

학습목표

1. 사례발굴 및 의뢰체계를 조직하기 위한 계획을 수립할 수 있다.
2. 사례관리 대상에게 필요한 자원 목록을 범주별로 정리할 수 있다.
3. 사례관리자로서 욕구해결과정에 필요한 자원, 실천 방법을 목록화할 수 있다.
4. 클라이언트와 외부자원을 서로 연결, 협상, 옹호해 줄 수 있다.

사례관리의 목적은 다양하고 복합적인 욕구를 지닌 클라이언트와 가족의 사회적 기능과 삶의 질을 향상시키기 위해 사례관리 체계를 기반으로 사례관리 과정을 통해 통합적이고 지속적으로 서비스를 제공하는 것이다(김성경, 2017 : 15). 이러한 목적을 달성하기 위해서는 효율적인 사례관리 체계를 구성하여야 한다.

사례관리를 구성하는 체계는 학자들마다 상이하나 본 서에서는 '사례관리 대상자', '사례관리자', '사례관리 운영체계', '사회자원과 사회적 네트워크'의 네 가지로 분류하여 살펴보고자 한다.

1. 사례관리 대상자

사례관리 대상자는 대부분 복합적인 욕구를 가지고 있어, 하나 이상의 사회자원을 필요로 하지만 자원의 소재와 이용방법에 대해 잘 모르거나 스스로 문제를 해결할 수 없는 사람을 말한다. 복합적인 욕구를 가진 개인이란 빈곤, 가족 기능결여, 비행, 장애, 노화, 학대, 폭력 및 성폭력 등 신체적, 정신적, 경제적, 사회 문제에 노출된 사람을 의미한다(이준우 · 최희철, 2014). 사례관리는 탈시설화 이후 병원에서 퇴원하여 지역사회에 거주하는 정신질환자를 중심으로 처음 시행되었다. 이후 사례관리는 정신건강 영역뿐만 아니라 노인, 장애인, 아동, 기타 취약계층 등 장기적이고 만성적인 욕구를 지닌 사람으로 확대되었다(최은정 외, 2020 : 86).

사례관리의 주된 대상이 될 수 있는 영역으로는 재가보호 영역, 정신건강 영역, 직업재활 영역, 노인복지 영역, 발달장애 영역 등이 있다(정순둘, 2005 : 16-17).

공공전달체계에서 사례관리 대상자를 살펴보면, 희망복지지원단은 통합사례관리 대상자의 범위를 '위기 대상자', '사례관리 대상자', '서비스연계 대상자'와 같이 세 가지 차원으로 구분하고 있다(보건복지부, 2016 : 43).

〈표 6-1〉 희망복지지원단 통합사례관리 대상자 유형

구 분	유 형
위기 대상자	정신질환자의 응급입원, 학대 가해자와 피해자의 긴급 분리 조치 등 대상자의 욕구가 긴급히 충족되어야 하는 사례
사례관리 대상자	복합적인 문제와 욕구로 1개월 이상 사례관리가 필요한 대상이 해당
서비스연계 대상자	단순한 서비스 연계로 욕구 해결이 가능하고 1개월 미만의 사례관리가 종결이 가능한 대상자

출처 : 보건복지부(2016), p. 43 재구성.

이러한 희망복지지원단의 통합사례관리 지원대상은 통합사례관리를 통해 가난을 벗어나고자 하고, 자활을 도울 수 있는 가구이다. 구체적으로는 ① 생계 · 의료 · 주거 · 교육급여 수급자 중 특히 신규 수급자, 생계 · 의료 · 주거 · 교육급여 수급 탈락자 등, ② 차상위 빈곤가구, 특히 긴급지원 대상가구 및 생계 · 의료 · 주거 · 교육급여 수급 탈락가구 중 통합사례관리를 통해 빈곤을 예방할 수 있도록 도울 수 있는 가구, ③ 지방자치단체 복지사각지대 조사를 통해 발굴된 위기가구 중 통합사례관리가 필요한 가구(청 · 중장년 1인 가구, 돌봄 위기가구, 저소득 한부모 및 청소년 한부모 가구, 휴 · 폐업자, 실직자, 자살 고위험군 등)이다(복지로,

bokjiro.go.kr 2022. 1. 14. 검색).

이 외에 서울시복지재단(2013 : 31)은 가장 보편적으로 사례관리 대상자 유형을 '위기사례', '일반사례', '통합사례'로 구분하고 있다.

〈표 6-2〉 사례관리 대상자 유형(서울시복지재단)

구 분	유 형
위기사례	위기 안정화를 주요 목적으로 하며 현재 클라이언트의 삶을 위협하는 요소를 제거하거나 혹은 보호장치를 마련함으로써 위기를 안정화하는 것에 초점을 두어야 하는 개입 유형
일반사례	• 클라이언트의 욕구를 충족시키기 위한 수단이 사례관리 수행기관 내부를 중심으로 확보하는 것이 가능한 수준의 사례를 의미 • 일반사례는 조직 내부의 협력체계나 서비스를 조정하는 것이 중요한 개입 유형
통합사례	• 클라이언트의 욕구충족이 기관 내부의 자원만으로는 부족하고 지역사회의 다양한 자원의 동원을 통해서만 가능한 경우 • 사례관리의 통합형은 지역사회 연계체계를 구축하거나 네트워크 활성화를 위한 노력 필요 • 사례관리자의 역할이 단순히 개별 혹은 집단적으로 상담이나 교육, 내부서비스의 조정 역할에서부터 지역사회조직화라고 하는 간접실천 역량을 더욱 필요로 하는 개입 유형

출처 : 서울시복지재단(2013), p. 31 재구성.

2. 사례관리자

사례관리자는 사례관리 대상자를 전문적으로 도와주는 실천가이며, 사례관리 체계의 구성에서 핵심적인 요소이다. 사례관리자가 소속되어 있는 기관을 사례관리 수행기관이라고 하는데, 클라이언트를 도울 때 기관이 정한 사례관리 지침과 절차에 따라 사례관리 실천이 이루어진다.

성공적인 사례관리를 위해서는 사례관리자의 역할이 매우 중요하다. 사례관리자의 역량에 따라 대상자와의 관계 및 사회자원 동원 범위가 달라질 수 있으며, 결국 사례관리의 성과에 커다란 차이가 발생할 수 있다. 이러한 측면 때문에 사례관리자의 기본적인 자질과 역량 증진을 위한 교육 및 훈련이 강조되고 있다(최은정 외, 2020 : 89).

사례관리자는 자신의 역할을 효과적으로 수행하기 위해 사례관리에 대한 지식과 기술을 충분히 터득하고 숙련하여야 한다. 특히 사례관리에는 사회복지 전문직의 특성이 반영되어야 하며, 사회복지의 기본 철학과 가치, 사회복지의 전문지식과 기술을 반영하여 사회복지의 고유한 특성과 절차를 학습하는 것이므로 실제 현장에서 전문 사회복지사가 수행하는 사례관리 실천으로 나타나야 한다(박미은, 2020 : 81).

사례관리자는 공식적 서비스와 가족 및 기타 1차 집단에 의해 제공되는 비공식적 서비스의 성공적인 통합에 결정적인 역할을 수행한다. 이런 역할들은 ① 기관 간의 정책과 프로토콜(protocol : 기관의 규칙과 절차 등을 말함)에 대한 지식을 포함한 중개(brokerage) 능력, ② 클라이언트의 권리를 주장하기 위한 옹호와 서비스 체계의 경직성을 극복하기 위한 능력인 정치적 기술(political skills), ③ 비공식적 원조망 등과 같은 자원체계를 찾아내고, 증대시키거나 연구하고, 이러한 체계에 클라이언트를 연계시키는 능력을 포함한 지역사회 업무(community work) 능력, ④ 진단의 치밀함은 물론 치료적 지식과 기술을 포함한 임상적 기술(clinical skills), ⑤ 클라이언트들의 기본적인 생활기술의 매우 작고, 단순한 변화를 성취하기 위한 노력에 대한 인내심을 발휘할 수 있는 재활(rehabilitation)에 대한 신념 등이 요구된다(서울시복지재단, 2010 : 43).

우드사이드와 맥클램(Woodside & McClam, 2006)은 유능한 사례관리자가 되기 위해서는 ① 다양한 역할 소화하기, ② 시간을 효율적으로 조직화하고 사용하기, ③ 의사소통능력 강화하기, ④ 사회복지 분야 외 다양한 방면의 지식 쌓기, ⑤ 윤리적 의사결정을 유지함으로써 함정에 빠지는 오류 방지하기, ⑥ 클라이언트와의 관계를 항상 명심하기, ⑦ 비판적이고 명확하게 생각하도록 노력하기, ⑧ 유능한 사례관리자가 되고자 하는 열망을 드러내고 노력하기를 준비하여야 한다고 하였다(양정남 외, 2009).

3. 사례관리 운영체계

사례관리 운영체계는 사례관리 실천 과정이 잘 실행될 수 있도록 지원하는 지원체계의 역할을 한다(김성경, 2017).

효율적인 사례관리 운영체계를 구축함으로써 사례대상자의 발굴, 의뢰, 연계가 활발하게 진행될 수 있다. 또한 사례대상자를 원조하는 데 있어 서비스 제공기관 간의 협력을 강화할 수 있으며 지역사회 자원 동원이 원활하게 이루어질 수 있다. 이러한 면에서 보면 사례관리기관 내부 자원뿐만 아니라 외부 자원과 연계된 사례관리 운영체계는 서비스 전달체계로서의 기능을 수행할 수 있게 된다(이채식 외, 2020 : 85).

사례관리 운영체계는 내부 운영체계와 외부 운영체계로 나뉘며, 내부 운영체계는 기관 내부 조직으로 사례관리자, 사례관리팀, 전문 슈퍼바이저가 있다. 외부 운영체계는 통합사례관리협의회, 통합사례관리지원단이 있으며, 통합사례관리협의회 또는 통합사례관리지원단에 솔루션위원회 등을 둘 수 있다(김성경, 2017 : 28).

1) 내부 운영체계

(1) 사례관리자

사례관리자는 사례대상자와 가족을 대상으로 초기 정보 수집 및 사정, 개입계획의 수립과 조정 및 점검, 평가, 종결 등 사례관리의 전 과정을 총괄하는 실천 전문가다. 사례대상자와 사회적 자원을 효과적이고 체계적인 방법으로 연계하는 역할을 수행한다. 사례관리자가 연결한 사회자원을 사례대상자가 활용하여 욕구를 충족해 갈 수 있도록 촉진하고, 조정하고, 연결시켜 나감으로써 사례대상자의 능력을 향상시키고 서비스 제공 주체들의 능력 또한 발전시키는 역할을 한다(이채식 외, 2020 : 86).

(2) 사례관리팀

기관 내 사례관리팀은 기본적으로 사례관리 팀장과 2인 이상의 사례관리자로 구성된다. 필요한 경우 기관 내부의 다른 실천가들이 참여할 수 있다. 사례관리 팀장의 자격은 기관 유형이나 업무 특성에 따라 달라질 수 있으나 대체로 최소 3년 이상의 현장 경력(가능한 사례관리업무 경력)을 갖춘 사회복지사가 맡는 것이 바람직하다. 팀장은 사례관리 업무 매뉴얼이나 지침을 숙지해야 하며, 사례관리 업무를 수행하면서 기관 내 다른 부서와 협력을 도모하고, 사례관리자에게 상시적인 슈퍼비전을 제공한다(박미은, 2020 : 86). 사례관리팀의 사례관리자들은 2년 이상 사례관리 업무를 수행하고 사례관리 전문가 교육과정을 연 10시간 이상 이수하여 업무의 지속성과 전문성을 유지해야 한다(김성경, 2017 : 29).

사례관리팀은 사례관리 대상자에게 제공되는 맞춤형 통합서비스를 설계, 실행, 점검 및 평가하는 임상적 역할을 수행한다. 그리고 사례관리의 내부 운영체계의 구축을 위한 기관 정책 건의, 사례관리 연관 부서와의 협력, 기관 내부의 자원 조직화, 슈퍼비전체계의 구축, 사례회의 등을 주도한다. 그뿐만 아니라 사례관리 운영체계를 확장하여 지역사회와 함께 하는 통합 사례관리팀의 조직화를 지원하고 통합 사례회의를 개최하며, 지역사회 자원을 조직화하는 데 협력적 역할을 수행한다(이채식 외, 2020 : 88). 김성경(2017)에 따르면 사례관리팀의 구성과 역할은 다음 〈표 6-3〉과 같다.

〈표 6-3〉 사례관리기관의 사례관리팀의 구성과 역할

구 성	역 할
• 사례관리팀 + 사례관리자 2인 이상 - 2년 이상 사례관리 업무 수행 - 사례관리 전문 교육과정 연 10시간 이상 이수 • 사례관리 업무 지침/ 매뉴얼 마련 : 팀원별 업무분장	• 사례관리 과정을 실행하는 일상적 역할 수행 • 지역사회 자원 자원목록표 작성 및 활용 • 정기적 사례회의 및 슈퍼비전 체계 운영 • 사례 발표 및 우수사례집 발간 • 통합사례관리협의회의 통합사례회의 참여 • 통합사례지원단의 지원을 받음

출처 : 김성경(2017), p. 30.

(3) 전문 슈퍼바이저

사례관리팀에서 슈퍼비전 체계를 갖추는 것은 매우 중요하다. 사례관리자가 실천경험과 전문성이 부족한 경우 슈퍼비전 체계는 더욱 필요하게 된다(한국사례관리학회, 2012).

사례관리 실천의 전문성을 강화하기 위하여 1인 이상의 전문 슈퍼바이저를 두도록 한다. 전문 슈퍼바이저는 사례관리에 대한 이론적·실천적 전문성을 가진 대학교수나 현장 전문가로 기관장이 위촉한다. 경우에 따라서 인접한 기관을 하나로 묶어서 전문 슈퍼바이저를 임명할 수도 있다. 전문 슈퍼바이저는 임상적인 자문과 컨설팅, 행정적인 지도, 사례관리 실천에 필요한 교육·훈련, 사례관리자의 소진 예방 및 극복을 위한 지원 등의 역할을 수행한다. 전문 슈퍼바이저는 1년 단위로 위촉하여 자문의 안전성을 유지하도록 한다. 또한 사례회의에 참석하여 최소 월 1회 이상의 정기 자문을 제공하는 것이 바람직하며, 필요한 경우 수시로 자문을 제공한다. 구체적인 자문방법과 횟수는 위촉된 기관과 협의하여 결정한다(이채식 외, 2020 : 91-92).

〈표 6-4〉 전문 슈퍼바이저의 구성과 역할

구 성	역 할
• 사례관리 전문성을 가진 대학교수나 실천현장 전문가인 외부전문가 • 자문위원회 조직과 분리된 사례관리팀 슈퍼바이저	• 사례관리 과정에 대한 임상적 자문과 컨설팅 • 행정적 지도 • 사례관리 교육 • 사례관리자의 소진 예방 및 극복을 위한 지원 등

출처 : 김성경(2017), p. 31.

2) 외부 운영체계

(1) 통합사례관리협의회

통합사례관리협의회는 지역사회 내 사례관리 기능을 가지고 있는 사회복지관련 기관 및 공공기관을 회원으로 하는 협의체이다. 통합사례관리협의회는 현재 지역사회보장협의체, 지역사회협력기관, 아동복지기관협의체 등의 명칭으로 구성되고 있다. 회원기관들은 지역사회 주민자치센터, 종합사회복지관, 노인복지관, 장애인복지관, 정신건강복지센터, 보건소, 아동보호전문기관, 건강가정지원센터, 다문화가족지원센터 등이다(김성경, 2017 : 31).

김성경(2017 : 31-32)은 통합사례관리협의회의 중요한 역할을 다음과 같이 제시하고 있다.

① 통합사례회의를 운영하여 각 기관의 사례를 사정하고 논의한다. 특히 통합사례회의는 긴급사례 및 집중사례에 대한 논의를 통하여 개별 기관의 사례관리팀이 사례관리를 실천하는 데 겪는 어려움을 지원한다.

② 통합 슈퍼바이저를 위촉하여 통합사례회의에 전문적인 조언을 구한다.

③ 지역사회 내 서비스를 조정한다. 지역사회 사회복지기관들은 구조적으로 유사, 중복성 사업을 제공할 수밖에 없기 때문에 이를 협의회에서 조정해야 한다.

④ 지역사회 내 자원망을 조직화하며, 필요한 자원정보를 목록화한다.

(2) 통합사례관리지원단

사례관리 실천이 효과적으로 이루어지기 위해서는 시·군·구 단위에 개별 기관의 사례관리를 지원할 수 있는 지원단 구축이 필요하다. 통합사례관리 지원단은 광역시 단위와 시·군·구 또는 권역 단위에 설치되어 통합사례관리팀을 조정하는 기능을 수행하며, 개별 기관이 사례관리 실천을 하는 데 필요한 행정적·재정적인 지원을 담당한다. 그리고 사례관리 수행 인력에 대한 교육·훈련, 자문과 컨설팅, 사례관리 사업에 대한 평가와 서비스 대상자가 접촉했을 경우, 사례관리 대상자의 주거 지역과 호소 문제와 욕구의 특성을 고려하여 적절한 사례관리체계로 사례를 의뢰해 주는 조정 기능을 수행한다(이채식 외, 2020 : 95).

통합사례관리지원단의 설치유형은 다양하지만 우리나라의 대표적인 유형은 다음과 같다(권진숙 외, 2009).

① 공공부문 내 직영 지원단

공공부문 내에 사례관리의 업무를 담당하는 주무부서 내에 통합사례관리 지원단을 두는 유형이다(김성경, 2017 : 32). 이 유형의 대표적인 예는 경기도의 무한돌봄센터이다. 경기도는 2010년 경기도와 각 시・군에 무한돌봄센터를 설치하고 지역을 중심으로 한 통합사례관리와 네트워크 및 자원조직화를 지원하고 있다(이채식 외, 2020 : 95).

② 민간 사례관리 지원단

이 유형은 공공 또는 사례관리 주체로부터 위탁받은 민간사례지원단의 형태이다(김성경, 2017 : 33). 사례관리의 전문성을 지닌 단체 또는 전문가로 구성된 사례관리 지원단을 구성하고 행정적・교육적・기술적 자문과 지원의 역할을 수행한다. 이러한 유형은 인천광역시 종합사회복지관 특화사업의 일환으로 진행된 사례관리 사업으로서 인천광역시 사회복지관협회와 사례관리연구회가 수행한 사례관리 지원사업에서 찾아볼 수 있다. 이 외에도 우리아이 희망네트워크, 위스타트(We Start) 사업 등 대부분의 프로젝트 사업에서 별도의 지원단을 구축하고 사례관리와 사업을 수행하도록 하고 있다(이채식 외, 2020 : 95). 권진숙 외(2009)에 따르면 통합 사례관리 지원단의 구성과 역할은 다음 〈표 6-5〉와 같다.

〈표 6-5〉 통합 사례관리 지원단의 구성과 역할

구 성	역 할
• 공공 사례관리 지원단 • 민간 사례관리 지원단	• 통합 사례관리팀을 조정 • 개별 기관이 사례관리 실천을 하는 데 필요한 행정적・재정적 지원 • 네트워크 구축 및 자원 조직화 • 교육・훈련 • 슈퍼비전 및 컨설팅 • 평가와 조사 연구 • 적절한 사례관리체계로 사례 의뢰 등

출처 : 권진숙 외(2009).

(3) 솔루션위원회

솔루션위원회는 통합사례회의를 진행(최소 1회 이상)해 보았으나 더 큰 범위의 자원과 더 높은 수준의 전문적 지식이 필요한 사례에 대해 해결책을 제시하기 위하여 그에 맞는 다양한 기관 및 전문가로 구성된 맞춤형 자문기구이다. 솔루션회의를 통해 위기상황 해결에 다각적 논의와 슈퍼비전을 제공하며, 복합적 욕구를 가진 사례에 대한 전문적인 통합사례관리를 지원한다.

솔루션위원회는 읍・면・동에서 솔루션회의의 요청이 있을 경우 개최된다. 참석범위는 솔루션위원회 중 해당 사례와 관련 있는 위원, 읍・면・동 및 시・군・구 통합사례관리 업무 담당자, 연계기관 관계자 등이다. 솔루션위원회 수행주체는 시・군・구 사례관리 팀장이다.

솔루션위원회는 분야별로 전문성을 갖춘 위원으로 구성하되, 통합사례관리 대상자들의 특성을 고려하여 현장실천 경험이 풍부한 사회복지, 학계, 의료, 경찰, 임상심리, 법률전문가, 가족치료 전문가 등 다양한 분야의 전문가를 위촉한다.

솔루션위원회의 명칭은 지방자치단체의 실정에 맞게 사용 가능하며, 솔루션위원회의의 인력 풀(pool)을 활용하여 대상자에게 가장 적합한 전문가로 소집한다. 솔루션회의 개최 시 시・군・구 희망복지지원단은 솔루션회의록 관리 및 등록을 하며, 솔루션회의의 지원은 시・군・구 희망복지지원단 팀장이 한다.

읍・면・동은 통합사례관리 대상자의 변화와 새롭게 부각된 문제 상황을 솔루션회의에 재상정하여 사후 모니터링을 통해 종결 및 향후 진행방향에 대한 슈퍼비전을 받을 수 있다. 희망복지지원단은 솔루션회의 지원 후 이행을 점검한다(보건복지부, 2020 : 41).

솔루션위원회는 연간 3회 이상의 정기적인 회의를 개최하도록 한다. 단, 긴급사례 또는 심의나 판정 사안이 발생할 경우 신속하게 소집해 사례에 대한 임상적인 자문, 사례에 대한 행정적 판단, 사례관리 실천을 위한 정책적 건의 등을 통해 사례관리 실천을 지원한다. 이때 해당 기관의 사례관리자와 사례관리팀장은 솔루션위원회에 참석하여 사례에 대한 보고를 실시한다(이채식 외, 2020 : 93).

4. 사회자원과 사회적 네트워크

사례관리란 클라이언트의 문제와 욕구를 해결하기 위해 공식·비공식적 체계를 조정하고 통합하는 일련의 과정으로, 사례관리가 효율적으로 시행되려면 지역사회의 활용 가능한 자원체계가 작동할 수 있어야 한다. 사회자원은 클라이언트의 욕구를 충족시키고 사회적 기능을 향상시키는 데 결정적인 역할을 수행하는 핵심적인 요소로, 사례관리의 성공 여부는 사회자원의 동원과 밀접한 관련이 있다(이근홍, 2006 : 98).

사회자원은 다양하고 복합적인 클라이언트의 욕구를 충족시킬 수 있는 주체로서 사례관리의 중요한 구성 요소 중의 하나이다. 사회자원은 인간의 욕구를 충족시키기 위해 동원되는 시설, 설비, 자금이나 물자 또는 개인이나 집단의 지식과 기능 등을 의미하는데, 사례관리실천은 다른 사회복지실천에서와 마찬가지로 사회자원의 적절한 동원 없이는 불가능하다. 현대사회의 다양하고 복합적이며 고도화되고 있는 클라이언트의 욕구를 충족시키기 위해 사회자원의 종류를 확대하고 질적 향상을 추구할 필요가 있다(이채식 외, 2020 : 46).

실천현장에서 사례관리자가 사회자원을 중요하게 생각하는 이유는 다음과 같다. 첫째, 사례관리 대상자의 욕구가 복합적이고 만성적이기 때문이다. 따라서 이러한 욕구를 지속적이고 포괄적으로 충족시키기 위해서는 특정한 기관을 넘어 지역의 다양한 자원을 활용하는 것이 불가피하다. 둘째, 사례관리 대상자들이 자원에 대한 인식이 부족하기 때문이다. 대상자는 여러 가지 육체적, 정신적 한계로 인해 자신에게 필요한 자원을 스스로 찾기 어렵다. 자원에 접근하려 하여도 구체적인 정보가 없거나 이용방법을 몰라 쉽게 포기하거나 체념해 버리는 경우가 많다. 이들이 지역사회의 다양한 자원에 접근하여 필요한 자원을 얻을 수 있도록 도와주어야 한다(박미은, 2020 : 80).

사회자원은 자원의 본질, 원천 및 유용성에 따라 ① 내적 자원과 외적 자원, ② 공식적 자원과 비공식 자원, ③ 실재적 자원과 잠재적 자원 등으로 나눌 수 있다(이근홍, 2006 : 100). 내적 자원에는 지식, 정보, 기술, 신뢰성, 건강 등이 있으며, 외적 자원에는 재산, 친구, 직장 등이 있다. 공식적 자원에는 학교, 병원, 사회복지관 등이 있으며, 비공식적 자원에는 친척, 이웃, 동료 등이 있다. 실재적 자원은 클라이언트의 욕구충족과 기능향상을 위해 현재 활용하고 있는 자원이며, 잠재적 자원은 현재 활용하고 있지 않지만 장래에 활용할 가치가 있는 자원을 말한다(강흥구, 2020 : 170).

여기서는 사회자원의 분류기준 중 서비스 공급주체에 따른 공식적 자원과 비공식적 자원을 중심으로 설명하고자 한다(정순둘, 2005).

1) 공식적 자원

공식적인 자원은 민·관의 제도화된 조직을 통해 제공될 수 있는 자원으로 국가기관, 공공법인, 민간기관이나 시설, 사회단체, 공식협의체, 회원조직 등이 보유하고 있는 것을 말한다. 이러한 공식자원은 특수한 욕구를 가진 대상자를 중심으로 서비스를 제공하는 경우가 많으므로 사례관리자는 이러한 공식적 자원 조직이 제공하는 서비스를 확인하고 목록화하여 활용도를 높여야 한다. 또한 관련규정이나 지침의 변화를 빠르게 파악하여 가장 최근의 정보를 소유하고 있어야 한다. 각 공식적 자원의 특징은 다음과 같다.

〈표 6-6〉 공식적 자원의 특징

유 형	특 징
국가기관	시·군·구 사회복지공무원, 보건의료 서비스를 제공하는 국·공립병원, 보건소, 광역 및 기초 정신건강복지센터 그리고 국가에서 시행하고 있는 각종 제도(국민기초생활지원, 장애인활동지원 등)
공공법인	클라이언트의 자립생활이 어려울 경우 시설에서 보호받을 수 있는 사회복지거주시설, 시설에서 보호받지 않고 지역에 거주하면서 각종 사회복지서비스를 받을 수 있는 사회복지이용시설과 사회복지기관, 적십자 등
민간기관과 시설	민간 기업에서 사회복지 증진을 위해 출자하는 기업의 사회복지재단, 민간이 출자하여 운영하는 유료 사회복지 이용시설과 복지기업 등
사회단체	사회적 상호작용, 레크리에이션, 취미생활, 기능교육 등을 실시하는 YMCA, YWCA, 여성 단체 등

공식협의체	중앙 및 전국에 소재한 사회복지협의회 및 사회복지사협희, 사회복지관협회, 각종 사회복지시설협회, 여성단체협의회, 지역사회보장협의체 등
회원조직	의사회, 약사회, 변호사회, 각종 공제회, 노인회 등

출처 : 박미은(2020), p. 79 재구성.

2) 비공식적 자원

비공식적 자원은 가족, 친족, 친구, 이웃 등에 의해 도움이나 보호를 제공하는 자원이다. 비공식적인 자원들은 아동의 양육, 장애인의 보호 등에 가족이나 친족이 역할을 하는 형태로 이루어진다. 이러한 비공식적 자원의 이타적 행동, 협력, 상호부조 등은 사회복지에 있어 매우 중요한 역할을 하고 있으며, 인간의 행복추구를 위해 매우 필수적인 것으로 인식되고 있다(Rothman & Sager, 1998, 설진화, 2011 : 73 재인용).

사례관리 대상자들은 위기나 어려움에 직면했을 때 공공자원이나 민간자원보다 비공식적인 자원에 먼저 도움을 요청한다. 그 이유는 사례관리 대상자에게 비공식적인 자원이 익숙한 환경에 도움을 줄 수 있고, 비록 지금은 자신이 도움을 요청하는 입장이지만 언젠가는 자신도 그들에게 도움을 줄 수 있게 될 것이라는 점에서 부담감이 적기 때문이다. 사례관리에서 비공식적 자원을 적극 활용하는 전략은 공식적 자원의 한계를 극복하고 비용효율성을 높일 수 있다는 점에서 매우 유용하다(최은정 외, 2020 : 93).

현재 민간 사회복지현장과 공공영역에서 이루어지는 자원 활용의 예는 다음과 같다.

〈표 6-7〉 민간 및 공공영역에서 이루어지는 자원 활용의 예

구 분	유 형
일상생활 지원	가사, 식사, 위생 지원 서비스, 이불세탁지원 서비스, 병원동행 및 연계, 가사지원(청소)서비스, 공공요금 지원, 무료 집수리업체 연결 등
의료비 지원	긴급 의료지원 사업 연계, 희귀 및 난치성 질환지원 사업, 재활치료, 보장구 지원, 간병 및 치료비 지원 등
경제적 지원	경제적 지원(생계비, 주거비), 결연후원금 지원, 어린이재단 교육비 지원 등

요양 및 돌봄 지원	가사지원, 외출동행, 요양보호사 파견 서비스, 아동·청소년 쉼터, 출산 및 산후조리 지원 등
주거 지원	주거환경 개선, 임대주택, 이사지원, 장·단기 임시거처 제공 등
문화 및 여가 지원	각종 문화 프로그램 참여 지원 등
법률적 지원	법률 소송, 인권보호, 생활법률 상담 등
일자리 지원	노인 일자리(시니어 클럽), 적성검사, 직업교육, 자활지원, 취업 알선 등
보육 및 교육지원	유아 보육, 방과후 돌봄, 특수교육, 아동보호(방임, 학대)지원, 중퇴자 지원 등
심리·정서적 지원	정신질환과 각종 중독 상담, 위기 상담, 정신건강 및 폭력 피해자 상담 등

출처 : 박미은(2020), pp. 79-80 재구성.

07

CHAPTER

사례관리 기술

1. 상 담
2. 역량강화
3. 네트워크 활용
4. 사정조사표

07 CHAPTER

사례관리 기술

학습목표

1. 클라이언트와 관계형성을 위한 기술을 활용할 수 있다.
2. 클라이언트가 문제를 인지하고, 강점을 발견하여 자신감을 얻을 수 있도록 지지할 수 있다.
3. 지역사회 자원에 접근하거나 활용하는 방법에 대해 이해할 수 있다.
4. 사정 조사표를 이해하고 활용할 수 있다.

사례관리는 장기간에 걸쳐 복합적 문제를 가진 클라이언트에게 지속적으로 서비스를 제공하기 때문에 효과적으로 서비스를 제공하기 위해 사례관리 기술을 배우고 익혀야 한다. 대부분의 기술들은 사례관리의 전 과정을 통해 활용되지만, 어떤 기술들은 특정 단계에서만 사용될 수도 있다. 어떤 단계에 어떤 개입기술을 사용할 것인지에 대한 판단은 사례관리자가 해야 하며, 사례관리자는 클라이언트의 욕구와 상황을 잘 판단하고 적절한 개입기술을 사용하기 위해 다양한 개입기술을 익히고 연마하는 것이 필수적이다. 이 장에서는 사례관리자가 사용할 수 있는 개입기술들을 통합적으로 살펴보고자 한다.

1. 상 담

(1) 관계형성 기술

사례관리는 특정의 목표를 달성하고자 하는 공적인 목적이 존재하며, 사례관리자는 클라이언트와의 객관적, 전문적 관계를 형성한다. 훌륭한 전문적 실천은 신뢰를 기반으로 사례관리자와 클라이언트의 상호협조 관계 형성을 통해 이루어진다. 따라서 사례관리자는 클라이언트와 좋은 관계, 즉 신뢰관계를 형성하는 것이 무엇보다 중요하며, 이런 신뢰관계가 서비스 개입의 성공을 결정짓는 열쇠가 되기도 한다.

비어스텍(Biestek, 1957)은 서비스 실천 현장에서 클라이언트와의 긍정적인 관계형성의 중요성을 강조하여 다음 일곱 가지 원칙을 제시하였다(남연희 · 박용국 · 도기봉, 2012 재인용).

① **개별화**(individualization)

개별화는 클라이언트와의 관계에 있어서 개인이 가진 독특한 특성을 인정하는 것이다. 모든 인간은 자신이 가지고 있는 유전적 요소에 의한 개인차나 삶의 환경, 욕구 등이 다르다. 사례관리자가 클라이언트의 이런 다양한 개인적 요소들을 인정하지 않으면 선입견을 가질 수 있으며, 이로 인해 클라이언트에게 낙인감을 주고 긍정적인 관계형성이 어려워질 수 있다.

② **의도적 감정표현**(purposeful expression of feelings)

의도적 감정표현의 원리는 클라이언트가 가지고 있는 부정적인 감정을 자유롭게 표현하도록 격려하는 것이며, 이로 인해 클라이언트는 감정의 정화가 이루어지고 심리적으로 편안한 상태에 도달할 수 있다. 도움을 요청하는 대부분의 클라이언트는 어떤 형태이든 불안과 스트레스 상태에 놓여있는 경우가 많다. 이때 사례관리자는 클라이언트의 감정 상태를 잘 읽어주고 이를 해소할 수 있게 도와주는 것이 무엇보다 중요하다. 클라이언트가 자신의 감정을 자유롭게 표현할 수 있을 때 비로소 사례관리자와 클라이언트는 긍정적인 관계를 맺을 수 있다.

③ **통제된 정서적 관여**(controlled emotional involvement)

사례관리자는 클라이언트의 감정에 대해 이해하고 이에 대해 민감성을 가지고 적절히 반응해야 한다. 클라이언트의 감정은 언어적 표현도 있지만 비언어적인 표현의 비중이 훨씬 더 크며, 이에 대해 사례관리자는 민감하게 진정성을 가지고 대응하는 것이 필요하다. 이때 사례관리자는 클라이언트의 감정에 지나치게 동조해서도 안 되며, 전문가로서 자신의 위치에서 반응하고 호응해야 한다.

④ **비심판적 태도**(nonjudgemental attitude)

사례관리자는 자신의 가치에 따라 클라이언트를 판단해서는 안 되며, 더욱이 클라이언트의 문제나 욕구를 비난해서는 안 된다. 클라이언트의 행동, 태도, 가치 등을 객관적으로 이해하는 것이 중요하며, 이는 클라이언트를 판단하기 위함이 아니라 클라이언트를 이해하고 돕고자 하는 마음에서 비롯되어야 한다.

⑤ **수용**(acceptance)

수용은 클라이언트를 있는 그대로 받아들이는 것이다. 인간으로서의 존엄성과 가치, 그리고 강점과 약점 등을 포함하여 그 모습 그대로의 클라이언트를 이해하는 것이다. 수용을 위한 사례관리자의 태도는 클라이언트에 대한 완전한 이해를 바탕으로 이루어진다. 클라이언트를 완전히 이해하고 수용할 때 클라이언트의 잠재력과 성장 가능성에 대해서도 신뢰할 수 있을 것이다. 자신이 있는 그대로 수용된다는 느낌을 받을 때 클라이언트도 자신의 성장에 대한 자신감을 가질 수 있을 것이다.

⑥ **클라이언트의 자기결정**(self-determination)

서비스의 개입과정에서 클라이언트가 스스로 선택하고 결정을 내릴 수 있는 권리를 인정하는 것이다. 인간은 누구나 자신의 일을 스스로 결정하고자 하는 욕구가 있고, 동시에 스스로 결정할 수 있는 능력을 가지고 있다.

서비스의 전 과정을 통해 사례관리자는 클라이언트의 역량을 강화시키고, 자기 스스로의 선택과 결정을 할 수 있게 도와야 한다. 그렇지만 때로 클라이언트의 자기결정권이 제한을 받는 경우도 있다. 가령 사회제도나 법과 윤리적인 규범에 어긋날 경우 제한을 받게 된다.

⑦ 비밀보장 원칙(confidentiality)

비밀보장의 원칙은 서비스 개입과정에서 알게 된 클라이언트에 관한 모든 사항들에 대해 공개하지 말아야 할 사례관리자의 의무인 동시에 클라이언트의 권리이다. 비밀보장은 전문가로서 사례관리자가 지켜야 할 윤리적 의무이지만 절대적인 것은 아니다. 때로는 기관 내의 동료 전문가들에게 밝혀져야 할 경우가 있다.

(2) 지지적 상담

사례관리자와 클라이언트의 관계는 목적을 서로 공유하는 동등한 관계이며, 이는 궁극적으로 클라이언트의 주체적 역할이 필요하다는 것을 의미한다. 대부분의 클라이언트는 자신의 삶에 대한 통제력을 잃어버리고 만성적인 어려움을 겪고 있는 경우가 많아서 누군가의 도움을 필요로 한다. 누군가에게 도움을 요청하는 클라이언트들은 대부분 양가감정을 가지고 있다. 자신의 상황을 설명하고 도움을 요청하는 것에 대한 두려움과 사례관리자가 자신에게 진정한 도움을 줄 수 있을 지에 대한 의문 등으로 심리적으로 복잡한 상황에 놓여있다. 이런 상황에서 클라이언트의 양가감정을 해소하고 서비스 전 과정에 대한 믿음과 참여 동기를 높이기 위해 사례관리자에게 면담기술은 사례관리의 성패를 좌우할 만큼 중요하다.

① 첫 만남

사례관리에서 클라이언트와 사례관리자의 첫 만남은 서비스의 성패를 좌우하는 중요한 과정이며 첫 만남에 대한 인상이 상호 친밀한 관계를 형성하는 데 중요한 변수로 작용할 수 있다.

㉠ 첫인상 : 사람들이 만남에서 최초로 사용하는 감각은 시각이다. 사례관리자의 따뜻한 인상과 외모, 그리고 기관의 청결상태나 직원들의 용모가 그 중의 하나이며, 이런 환경에 대한 준비가 클라이언트가 갖게 되는 첫 이미지일 것이다.

㉡ 첫 대화 : 대화의 시작 또한 중요하다. 대부분의 경우 첫 만남에서 대화의 시작은 비공식적인 내용으로 시작한다. 예를 들어, 그날의 날씨라든가, 혹은 기관을 찾아오는 과정에 어려움은 없었는지 등에 관한 것이다. 이런 몇 마디의 대화가 중요한 이유는 이 과정에서 클라이언트는 사례관리자가 전체 대화를 어떠한 방식으로 진행할 것인지에 대한 인상을 가질 수 있기 때문이다. 이러한 비공식적 대화를 얼마나 오래 진행할 것인가에 대한 판단은 전적으로 사례관리자의 직관에 달려있다. 지나치게 짧은 것도 바람직하지 않으며, 그렇다고 너무 길게 진행하면 클라이언트가 지겹다고 생각하거나 시간 낭비를 하고 있다고 느낄 수 있기 때문이다.

㉢ 호의적 스킨십 : 간단한 신체적 접촉의 경우 비언어적 의사소통의 방법으로 강력한 인상을 줄 수 있기 때문에 상호 우호적인 관계를 형성하는데 많은 도움이 된다. 예를 들어, 악수는 손의 감촉과 같은 여러 가지 미묘한 느낌을 느낄 수 있으며, 사례관리자와의 면담에서 클라이언트가 자신의 상황을 개방하면서 흐느껴 우는 경우가 생길 수 있다. 이때 사례관리자가 아무런 반응을 보이지 않는다면, 클라이언트는 무안하고 어색해할 것이며, 사례관리자가 차가운 사람이라고 인식하게 될 것이다. 따라서 사례관리자는 휴지를 건넨다든지, 가볍게 어깨를 토닥여 준다든지, 혹은 손을 잡아주면, 클라이언트는 사례관리자가 따뜻함 마음의 소유자임을 알게 될 것이고, 자신에 대해 공감하고 있다는 느낌을 받을 것이다.

② 신뢰관계 형성

사례관리자와 클라이언트의 신뢰(rapport)관계 형성은 사례관리의 질을 결정하는 중요한 단계라고 할 수 있다. 초기 면접에서 신뢰관계 형성을 통해 클라이언트는 사례관리자에게 자신에 대한 여러 가지 정보를 제공하며, 클라이언트의 욕구 해결을 위한 서비스의 전 과정에서 견고한 파트너십을 구축할 수 있기 때문이다. 면담과정에서 신뢰관계를 구축할 수 있는 기술들은 다음과 같다(권진숙 · 박지영, 2009).

첫째, 보호(caring)기술이다. 보호기술은 클라이언트에게 사례관리자가 자신의 문제에 관심을 가지고 있으며, 따뜻한 마음으로 언제든지 들어줄 수 있는 자세가 되어있음을 알려줌으로써 클라이언트의 심리적 불안과 경직된 마음을 진정시켜 주는 기능을 한다. 이로 인해 사례관리자와 클라이언트가 지지적이고 협조적인 상호작용을 유지하게 함으로써 클라이언트가 자신의 문제를 객관적으로 이해하고 수용할 수 있는 내적 힘을 갖도록 할 수 있다.

둘째, 구체적인 표현기술이다. 이는 클라이언트가 진술한 문제를 구체적이고 명료하게 표현함으로써 사례관리자가 개입해야 할 클라이언트의 문제 상황과 우선순위를 결정하는 데 도움을 주며, 차후에 어떤 방향의 서비스가 진행될 것인지에 대한 체계적인 이해를 가능하게 한다. 따라서 이 기술은 서비스의 목적과 방향 설정을 의미하며, 구체적인 표현능력은 가시적이고 실질적이며, 즉각적으로 서비스를 제공할 수 있는 사례관리자의 능력을 의미한다.

③ 경청

경청은 단순히 듣는 것의 신체적인 반응을 의미하는 것이 아니라 상대방과 동일한 공간에서 동일한 생각을 하고 있다는 것을 의미한다. 듣는다는 것은 상대를 이해하려는 의지를 보여주는 것이며 동시에 상대를 존중한다는 비언어적 표현이다. 상대방의 말을 경청할 때 상대의 의도와 심리적 상태를 읽어낸다면 의사소통을 통하여 더 좋은 관계를 형성할 수 있다. 클라이언트가 중요한 사람이라는 것을 확인시켜 주기 위하여 진심이 담긴 눈빛, 수용적인 몸짓과 행동, 그리고 따뜻한 마음을 담은 목소리로 말해야 한다.

경청을 잘하기 위해서는 많은 연습이 필요하다. 경청은 의도적이고 경험적인 과정으로 오랜 경험이 축적되면서 얻어지는 기술이라고 할 수 있다. 적극적 경청을 위한 기술을 습득하는 데는 집중하기, 바라보기, 반응하기, 요약하기 등의 과정을 반복하여야 한다.

경청에는 4단계가 있다(한국은, 2021). 가장 낮은 단계는 '배타적 경청'이다. 클라이언트의 진술은 복잡하고 혼란한 심리적 상태에서 이루어지므로 전후 사정을 분명하게 표현하는 것은 매우 어렵다. 즉, 클라이언트의 진술이 명확하지 않거나 표현 방법이 장황하게 될 때 사례관리자는 배타적 경청을 하기 쉽다. 배타적 경청을 하게 되면 클라이언트의 진술 의도를 정확하게 파악하기 어려우며 대화에 집중하지 않음으로써 상담에서 인간관계에 실패할 수 있다.

'소극적 경청'은 배타적 경청보다는 조금 높은 단계이다. 배타적 경청처럼 말을 가로 막지는 않지만 듣는 시늉만 낼 뿐 관심을 기울이며 듣지는 않는 것이다. 소극적 경청은 상대로 하여금 무시당하는 느낌을 가지게 한다.

'적극적 경청'은 상대의 말에 주의를 기울이고, 공감을 표현하는 것을 말한다. "저런, 그래서 어떻게 됐나요?" 하며 추임새를 넣기도 한다. 상대의 말에 깊은 공감을 표시함으로써 상대로부터 신뢰를 형성할 수 있다.

가장 높은 단계의 경청은 '공감적 경청'이다. 말 자체뿐 아니라 말하는 사람이 그 말을 어떤 맥락에서 꺼냈는지, 그 말을 하게 된 의도와 감정, 배경까지 헤아리면서 듣는 것을 말한다.

(3) 질문기술

면담에서 중요한 기술 중의 하나가 질문이다. 사례관리자는 클라이언트의 의사소통을 격려하고 자신의 생각과 느낌을 표현하도록 돕기 위해 여러 가지 질문을 하게 된다. 효과적인 질문은 클라이언트로 하여금 자신을 개방하게 하고, 자신에 대해 반성하고 고찰할 수 있는 기회를 제공하기도 한다. 또한 질문을 하는 동안 사례관리자는 클라이언트의 말을 경청하면서 명확하게 이해하고 이에 대한 피드백을 하는 것도 중요하다.

① 질문의 형태

질문의 형태를 크게 두 가지로 나누면 개방형 질문과 폐쇄형 질문이 있다. 사례관리자는 면담 과정에서 클라이언트의 개인차를 충분히 인지하고, 면담의 목적에 맞게 개방형 질문과 폐쇄형 질문을 적절히 사용하는 것이 무엇보다 중요하다.

㉠ **개방형 질문** : 개방형 질문은 클라이언트에게 자신의 생각과 감정을 자유롭게 표현할 수 있는 선택을 허용한다. 개방형 질문은 보통 '무엇을', '언제', '어떻게', '누가' 등으로 시작하며, 클라이언트에 대한 정보가 많지 않은 첫 만남의 경우 유용하게 활용할 수 있다. 그러나 자신의 생각이나 감정을 명확하게 잘 표현하는 데 어려움을 갖고 있는 클라이언트에게는 적합하지 않으며, 주어진 시간이 길지 않을 때에는 정확한 정보를 얻어내는 데 한계가 있다.

> 개방형 질문의 예
>
> • 오늘 학교에서 뭐 했어요?
> • 처음으로 서먹함을 느낀 적이 언제입니까?
> • 어디가 가장 아프죠?

㉡ **폐쇄형 질문** : 폐쇄형 질문의 경우에는 클라이언트에게 자신의 대답에 대해 선택할 수 있는 자유를 주지 않고, 대답의 범위를 '예 혹은 아니요'로 답할 수 있게 제한하는 방법이다. 또한 클라이언트의 이름, 주소, 연령 등에 대한 간단한 답을 원할 때 사용되기도 한다. 폐쇄형 질문의 단점은 클라이언트가 대답할 수 있는 범위를 제한함으로써 클라이언트의 의도와는 다른 방향으로 나아갈 수 있으며, 폐쇄형 질문이 계속 이어지는 경우 클라이언트는 취조를 당하거나 심문당하는 느낌을 받을 수 있고, 이로 인해 클라이언트가 좌절감을 느낄 수도 있다. 반면 폐쇄형

질문의 장점으로는 자신감이 결여되어 있거나, 타인을 신뢰하지 못하는 클라이언트, 또는 말이 적은 사람, 자신의 생각과 감정을 조리있게 표현하는 것에 어려움을 겪는 클라이언트에게 적합하다.

폐쇄형 질문의 예

- 어제 그 친구를 만났나요?
- 전공이 적성에 맞으셨어요?
- 사업이 어려우시지요?

② 질문의 기술

질문의 의도에 따라 클라이언트의 대답도 달라진다(정명진 역, 2018). 그러므로 목적에 따라 각각 다른 질문을 사용하는 것이 좋다.

㉠ 한정 질문

"…합니까?", "…하시겠습니까?", "…하셨습니까?", "…하실 수 있습니까?" 등의 질문으로 이들 질문은 명확하게 "네", "아니요"(혹은 "아무도")의 대답을 유도해 낸다. 따라서 활달한 성격의 클라이언트를 다루는 데 도움이 된다. 또한 이러한 질문들은 어떤 사실을 확보하는 데 유용하다.

㉡ 확대 질문

"선생님의 생각은 어떠신지요?", "어떻게 도와드릴까요?" 등의 확대질문들은 정보를 알아내는 데 유용하다. 서비스에 대한 클라이언트의 욕구와 의지를 파악할 수 있게끔 하며, 심리적으로 위축된 클라이언트를 편하고 여유있게 만들어 주어 좀 더 적극적으로 되도록 용기를 북돋아 준다.

㉢ 탐색 질문

"죄송하지만 이유를 알 수 있을까요?", "…에 대해 좀 더 말씀해 주시겠습니까?" 등의 탐색질문들은 좀 더 자세한 정보를 얻고자 하거나 이전의 질문에서 충분한 정보를 얻어내지 못했을 때 사용한다.

㉣ 제한선택 질문

제한선택 질문은 클라이언트의 관심을 어떤 선택으로 한정시켜서 클라이언트가 최종선택을 하게끔 한다. “다시 전화 주시겠습니까?” 아니면 “제가 다시 전화를 드릴까요?” 등이 그 예이다.

㉤ 유도 질문

“…에 동의하십니까?”, “…라고 느끼지 않으세요?” 등과 같은 유도 질문은 긍정적인 대답을 유도하는 데는 유익하지만 가끔씩 사용해야 한다. 너무 자주 사용하면 클라이언트를 몰아붙이는 것처럼 되어 기분을 상하게 할 수 있기 때문이다.

㉥ 연결 질문

연결 질문은 클라이언트와의 관계를 유지하면서 서비스에 대한 효과를 높일 수 있도록 클라이언트의 반응을 끌어내는 데 유용하다. 예를 들면, “좀 더 나은 서비스를 원하는데 상황이 맞지 않는다는 말씀이시죠? 그렇다면 시간대를 다르게 하는 것은 어떠십니까?” 등이다.

(4) 갈등조정

사례관리 과정에서 갈등은 다양한 요인에 의해 형성되고 존재한다. 이는 현실에 대한 불만이나 구성원 간의 사고, 인식 등의 차이에 의해 발생하는 것이며, 이를 조정하는 과정에서 관계의 건강함을 강화할 수 있다. 뿐만 아니라 갈등은 의지가 강하거나 창조적인 사람들에게 충분한 자극을 제공하기도 한다. 사례관리과정에서 사례관리자와 클라이언트 간의 문제인식, 해결방법, 자원동원, 계약내용, 역할분담 등의 요인에 의해 갈등이 발생한다. 이를 해결하는 것은 사례관리자의 중요한 기술이다.

갈등을 처리하기 위하여 정보를 충분히 활용하는 것은 중요하다. 현대사회에서는 정보를 쉽게 구할 수 있지만 정보의 내용이 오히려 혼란을 부추기기도 한다. 정보는 확실한 것을 충분하게 제공하는 것이 바람직하다. 그리고 클라이언트가 충분히 고민할 수 있는 시간을 제공하는 것이 중요하다. 클라이언트가 자신의 상황에서 본인의 문제를 해결하기 위한 방법을 모색하기 위하여 충분히 숙고하게 함으로써 사례관리과정에서 클라이언트의 의지를 강화할 수 있다.

이와 같이 갈등을 조정하기 위하여 당사자의 의견 존중, 분명한 목표 제시, 철저한 과업 수행 등이 필요하다. 당사자의 의견은 사례관리에 참여하는 클라이언트의 주체성을 강화할 수 있고, 동기를 부여함으로써 적극적으로 과업을 수행하는 배경이 된다는 점에서 의미 있다. 분명한 목표는 사례관리에서 클라이언트의 인식과 의지를 반영할 수 있기 때문에 중요하다. 클라이언트가 자신의 현재 상황에서 목표달성을 위한 활동의 근거가 되기 때문이다. 과업수행은 클라이언트의 노력과 성취감을 강화하는 데 도움을 준다.

2. 역량강화

1) 코칭기술

코칭은 모든 사람에게는 무한한 가능성이 있고, 그 사람에게 필요한 해답은 그 사람 내부에 존재해 있으며, 해답을 찾기 위해 파트너의 도움으로 자신감을 회복하고 능력을 강화하여 문제해결과 목표 달성에 도달할 수 있도록 이끌어 주는 행위이다(안민이, 2020 : 39). 즉, 코칭은 도움이 필요한 사람의 잠재력을 개발하여 역량을 강화하는 것이며, 사례관리자와 클라이언트의 신뢰를 강화하고 목표 의식을 공유하는 것이 필요하다. 중요한 것은 사례관리자가 직접적으로 문제해결을 지원하는 것이 아니라 클라이언트가 스스로 자기의 문제를 해결할 수 있도록 동기부여하는 것이며, 적절한 공감과 조언이 이루어져야 한다.

① 신뢰형성

사례관리자는 클라이언트가 자신의 문제를 해결할 수 있는 역량을 강화할 수 있도록 진정성을 가지고 관심을 보여주어야 한다. 사례관리자가 클라이언트의 상황을 충분히 이해하고 상황에 맞는 조언을 제공함으로써 긍정적 관계를 맺을 수 있다. 클라이언트는 자신의 상황을 이해하고, 자신의 문제에 관심을 가지고, 자신의 말에 공감을 표현해 주는 것만으로도 심리적 위안을 도모할 수 있다. 신뢰관계의 형성은 클라이언트가 약화된 자존감을 회복하고 자신감을 가지게 하여 문제해결에 주도적으로 참여할 수 있는 동기를 부여하기 때문이다.

② 목표설정

사례관리는 클라이언트의 잠재력을 강화하여 중요한 목표를 성취시키는 것이다. 목표는 사례관리자와 클라이언트의 신뢰관계를 기반으로 점진적으로 단계를 높여갈 수 있다. 최종의 목표는 클라이언트의 주도적 삶을 이루는 것이며, 개인의 비전과 전략에 따라 적극적인 참여 과정을 수행함으로써 가능성을 높일 수 있다.

목표는 초기 면접을 통하여 다각적으로 분석되는 과정을 거쳐 실현 가능한 형태로 구체화되어야 한다. 또 목표 달성과정이 공유됨으로써 클라이언트의 주도적인 참여가 가능하여야 한다.

③ 실행

코칭은 클라이언트의 성장을 돕는 실천적 활동으로 부정적이고 폐쇄적인 일에서 벗어나 긍정적이고 개방적이며 미래 지향적인 일에 참여하는 것이다. 코칭과정에서 반복적인 경험을 통하여 수많은 시행착오를 극복함으로써 문제를 해결하는 역량이 강화되고 해결과정도 줄어들며, 해결방법도 점점 쉬워진다는 사실을 알게 된다. 그리고 이러한 실행과정은 반복적인 행동패턴을 형성하면서 문제해결의 방법으로 일반화될 수 있다.

④ 효과적 피드백

사례관리과정에서 클라이언트의 문제를 해결하는 것은 쉽지 않다. 개인적 상황의 변화, 환경적 조건의 변화, 예상하지 못한 장애 등으로 원하는 목표를 달성하는 것은 매우 어렵다. 이러한 경우 목표에 대한 진단을 비롯하여 진행과정을 점검하고 다른 접근방법을 모색하는 것이 효과적이다. 따라서 실행과정에서 클라이언트의 행동을 비롯한 진행상황에 대한 피드백은 매우 중요하다. 특히 정해진 기간이 만료되었을 때 결과에 대한 평가는 분명하고 정확하게 이루어져야 하며, 평가 결과를 반영하여 새로운 사례관리를 진행하는 것이 효과적이다.

2) 자긍심강화기술

① **생활 되돌아보기** : 대부분의 클라이언트는 자신의 욕구충족을 위해 필요한 서비스를 직접 찾아 나서는 것에 대한 두려움을 가지고 있으며, 스스로 사회복지기관을 찾는 경우 또한 드물다. 사례관리의 경우 대부분의 클라이언트가 복잡하고 다양한 욕구를 가지고 있어 일정 기간의 서비스로 클라이언트의 문제가 모두 해결되는 경우는 없다. 그럼에도 불구하고 서비스가 지속되지 못하고 종결되는 경우가 많이 있는데 그 이유는 사회복지시설에 대한 불만족, 기억력 장애, 시간 부족, 의사소통의 어려움, 정보부족, 낙인, 불친절한 서비스 등이 주요 원인이 된다(양정남 · 권구영 · 김화선 · 한혜경, 2009).

따라서 사례관리자는 클라이언트의 삶의 공간인 지역사회나 가정에 방문하여 서비스를 제공하고, 클라이언트가 자신의 생활공간에서 삶에 대해 통찰력을 가지고 스스로 통제하고 자립할 수 있는 기회를 제공하는 것도 좋은 지지 방법이 될 수 있다.

② **칭찬과 격려** : 사례관리 실천현장에서 대부분의 클라이언트는 만성적인 정신적 · 신체적 결함으로 인해 심리적 고통과 스트레스 상황에 놓여있는 경우가 많다. 그로 인해 사기가 저하되어 있어 자신들의 욕구를 스스로 해결하고자 하는 의욕이 결여되어 있다. 이런 경우 사례관리자는 정서적 지지

를 통해 클라이언트의 사기를 진작시키는 것이 필요하다.

긍정적인 지지의 대표적인 방법이 칭찬이며, 칭찬은 긍정적인 새로운 행동을 학습하는 동기가 되기 때문에 클라이언트에게 좋은 자극제가 된다. 때로는 클라이언트가 결정한 목표가 사례관리자의 입장에서 부족해 보이더라도 칭찬으로 지지할 필요가 있다. 사례관리자의 지지가 클라이언트의 성취감을 고취시키며, 이것이 변화의 원동력이 될 수 있기 때문이다.

3. 네트워크 활용

네트워크 활용은 클라이언트를 서비스나 자원에 연결하는 데 필요한 모든 활동으로 사례관리자는 클라이언트가 서비스나 자원에 접근할 수 있도록 유용한 정보를 제공해 주거나 직접 다른 기관에 의뢰할 수 있다. 그리고 네트워크는 클라이언트의 욕구가 변하면 그에 적합한 다른 자원을 계속 연결해 주어야 하므로 단 한번의 활동이라기보다는 지속적으로 이루어지는 연속된 과정이다.

사례관리자의 중요한 역할 중의 하나는 지역사회 자원을 클라이언트에게 연결해 주는 것이다. 대부분의 클라이언트들은 자신의 욕구를 충족시키기 위해 지역사회의 자원에 접근하거나 활용하는 방법에 대해 어려움을 겪고 있는 경우가 많다. 특히 만성적인 질병을 가진 신체 및 정신장애인, 복합적인 욕구를 가진 고령자와 아동처럼 사회적 약자의 경우 자신이 어떤 서비스를, 어디서, 어떻게 이용해야 하는지 잘 모르고 있다. 따라서 사례관리에서 지원사회자원의 연계는 클라이언트의 욕구충족을 위해 필수적이라고 볼 수 있다.

(1) 공식적인 자원 연계

사례관리자는 지역사회의 각종 서비스 기관이나 체계, 정책, 수급조건, 서비스 이용 절차와 비용, 프로그램 내용 등에 대해서 많은 정보를 가지고 있어야 하며, 서비스 기관들과 함께 일할 수 있는 관계를 형성하고 유지하는 것이 필요하다.

지역사회의 공식적인 자원 연계를 위한 사례관리자의 기술을 정순둘(2008)은 다음과 같이 제시하고 있다.

첫째, 지역사회의 서비스 제공체계에 대한 이해가 우선되어야 한다. 이는 이미 수립된 서비스 개입계획에 따라 이루어져야 하며, 사례관리자는 지역사회의 공식적인 자원을 파악하고, 클라이언트의 욕구에 기반된 연계활동에 주의를 기울여야 한다.

둘째, 사례관리자는 클라이언트가 겪을 수 있는 새로운 상황에서의 두려움과 낯설음에 대한 심리적 어려움을 극복할 수 있도록 도움을 주어야 한다(Rothman & Sager, 1998). 어려움에 처한 클라이언트들은 대부분 심리적으로 위축되어 있는 경우가 많으며, 이런 경우 사례관리자가 아닌 다른 기관의 연결은 클라이언트에게 새로운 도전이 될 수 있기 때문에 세심한 배려가 필요하다.

셋째, 클라이언트를 새로운 기관에 연계할 때 사례관리자가 동행하는 경우도 있는데, 이때 사례관리자는 클라이언트의 불안감을 해소하고, 적절한 서비스가 제공될 수 있는지에 대해 모니터링과 관찰을 해야 한다.

넷째, 사례관리자는 지역사회 자원이 클라이언트에게 제공되기 어려운 상황이 발생할 경우 이에 대해 직접적인 서비스를 제공해야 한다(Rothman & Sager, 1998). 그러므로 적절한 연계 기관의 모색과 자원활용이 필요하다.

다섯째, 자원의 연계에서 지역사회기관들이 함께 참여하는 것이 무엇보다 중요하다. 클라이언트의 복합적인 욕구 해결을 위해 지역사회 자원들이 서로 협력하여 서비스를 제공할 수 있도록 사례관리자는 이들의 연계에서 중요한 역할을 수행하여야 하며, 수동적으로 참여하는 기관에 대해서는 핵심기관에서 이들의 참여를 독려하기 위해 인센티브를 제공하는 것도 좋은 방법이 될 수 있다. 무엇보다 중요한 것은 각 기관에서 어떤 자원과 책임성을 가지고 있느냐가 연계에 중요한 핵심이라고 할 수 있다.

(2) 비공식적 자원 연계

비공식적 자원이란 클라이언트의 삶에 있어 이미 존재하고 있는 가족, 친척, 이웃, 친구, 동료, 자조집단, 지역사회 단체, 지역사회 구성원 등으로 이루어진 사회적 관계망(social network)을 의미하며(설진화, 2011), 이들은 클라이언트에게 사회적 지지체계(social support system)의 역할을 한다. 이런 비공식적인 자원체계들은 이미 클라이언트에게 도움을 제공한 경험이 있거나 혹은 클라이언트와 연락이 닿지 않는 경우도 있다. 사례관리자는 이들을 찾아내어 클라이언트에게 도움을 줄 수 있도록 연결시켜 주는 것이 중요하다. 비공식 자원체계는 클라이언트에게 도구적, 정서적, 정보적 도움을 제공함으로써 공식적 자원으로부터 받을 수 없는 서비스의 틈새를 메워주는 역할을 한다.

비공식적 자원체계가 주는 도구적 도움으로는 클라이언트의 일상생활을 위해 청소, 시장 봐주기, 식사 제공, 교통수단의 제공, 외출 시 동행 등이 있으며, 정서적 지원으로는 클라이언트의 고독과 외로움을 달래줄 수 있게 말벗 서비스를 제공하거나 심리적 지지 등을 해주고, 정보적 지지는 클라이언트가 알지 못하는 생활에 필요한 각종 정보를 제공해 준다.

비공식적 자원 연계를 위한 사례관리자의 기술은 다음과 같다(정순둘, 2008). 첫째, 클라이언트의 비공식적 자원은 어떤 종류가 있으며, 이들이 클라이언트에게 어떤 도움을 제공할 수 있는지, 얼마나 자주 연락할 수 있는지에 관한 사정을 하는 것이 중요하다. 일반적으로 비공식적 네트워크는 친구, 이웃, 가족 등이 있고, 이들이 제공할 수 있는 도움의 종류도 다르기 때문에 클라이언트에게 연락이 가능한 지지체계를 파악하는 것이 중요하다.

둘째, 클라이언트에게 연락이 가능한 지지체계가 있다면 정말 도움을 줄 의지가 있는지, 혹은 어떤 도움을 줄 수 있는지를 파악하여 클라이언트의 자원으로 선정하고, 서로 간의 상호성은 어떠한지 등에 대한 점검이 필요하다.

셋째, 비공식적인 지지체계가 선정되었다면 클라이언트와 지속적인 연계가 가능하게 하며, 차후 지속적으로 모니터링하는 것이 중요하다. 대부분의 클라이언트는 장기적인 도움을 필요로 하기 때문에 사례관리자는 비공식적 자원체계와

정기적인 접촉을 통해 필요한 서비스가 제때 이루어지고 있는지 확인하는 것이 필요하다.

마지막으로 사례관리자는 클라이언트에게 적절한 도움을 줄 수 있게 비공식적 자원체계의 능력을 강화시켜주는 역할을 하여야 한다. 즉, 긍정적인 의사소통의 방법, 혹은 특정 문제에 대한 해결책을 찾는 방법 등을 알려주어 비공식적 지지체계의 능력을 향상시켜 주는 것도 좋은 방법이다.

(3) 환경개입 기술

환경개입 기술은 연계, 옹호, 협력, 조정 등의 원조기술이 필요하다(서울시복지재단, 2009 : 62-63).

기관이나 소식이 서비스 제공을 거부하거나 부적절한 정책으로 클라이언트가 서비스나 자원에 접근조차 할 수 없을 때, 중증장애인이나 치매노인과 같이 자신의 견해를 표현하기 어려운 클라이언트일 경우에 사례관리자들은 옹호역할을 하게 된다. 옹호는 클라이언트와 관련된 체계와의 관계를 조정하는 것으로 클라이언트가 자신의 목소리를 낼 수 있는 기회를 보장하는 데 목적이 있다.

조정이란 욕구와 서비스 간의 최상의 적합성을 이끌어 내는 것으로, 상이한 사람들과 기관이 협력하여 욕구에 대한 사정 및 누가, 언제, 무엇을 행할 것인지에 관한 협상과 합의를 이끌어 내는 것이다. 즉, 사례관리자는 클라이언트에게 필요한 전문적인 서비스를 제공할 팀들을 조정하고, 클라이언트, 팀 구성원, 다른 서비스 제공자들은 연계하는 활동을 수행하게 되어 조정, 협력적 기능을 수행하게 된다.

사례관리는 장기간의 서비스를 필요로 하고 있으며, 복합적인 욕구를 가지고 있는 클라이언트의 경우 무기력하고 의존적인 경우가 많기 때문에 자신의 삶에 필요한 각종 정보라든지, 혹은 일상생활에서 필요한 기본적인 기술에 대한 개입이 필요하다. 사례관리자는 클라이언트가 자신의 상황에 잘 대처할 수 있도록 기본적인 생존 기술이나, 다른 기관과 연결하는 효과적인 전략, 소비자로서 필요한 정보 등을 알려주고, 클라이언트의 행동 습득을 위해 모델링(modeling)과 적절한 피드백(feedback)의 제공을 통해 교육과 훈련을 시키는 것이 필요하다. 대표적인 환경개입 기술로는 다음과 같은 것들이 있다(정순둘, 2008).

첫째, 개인위생 관련 기술로 면도, 이발, 목욕 등의 위생처리, 몸치장하기, 대소변보기 등이 있으며, 둘째, 대인관계 기술로는 사회화, 여가활동 계획, 시간관리, 의사결정, 집안일하기, 갈등의 조정, 공격성 관리 등이 있다. 셋째, 지역사회 기술로는 지역사회의 자원 활용, 자조집단과 지역 서비스 알기, 참여기회 탐색해 보기 등이 있으며, 넷째, 소비자 기술로는 식사를 위한 계획, 요리, 장 보기, 은행일처리, 집안 관리 등이 있다. 마지막으로 주택 관련 기술로는 공공주택 신청 관련 정보 및 신청하기, 주거환경관리 기관과 협상하기 등이 있으므로 이러한 기술에 대한 교육과 훈련이 필요하다.

4. 사정조사표

장애인활동지원제도와 노인장기요양제도에서 사용되는 조사표를 통해 사정되는 내용의 예를 살펴보면 다음과 같다.

1) 장애인활동지원제도 조사표

(1) 조사내용

장애인활동지원제도에서 사례관리 대상자의 조사내용은 기능제한, 사회활동, 가구환경으로 구분하여 실시하고 있다.

(2) 조사항목

조사항목은 성인을 기준으로 보면 기능제한영역의 일상생활동작(ADL) 13개 지표, 수단적 일상생활동작(IADL) 8개 지표, 인지행동특성 8개 지표, 사회활동 2개 지표(직장, 학교생활), 가구환경 5개 지표(독거, 취약, 조손, 한부모, 본인을 제외한 가족의 사회생활, 주거특성)로 세분화되어 있다.

① 일상생활동작(ADL)

장애인이 누구의 도움도 받지 않고 혼자의 힘으로 신변 처리, 화장실 이용, 실내외 이동 등을 적절하게 수행하는지를 측정하는 지표로 구성되어 있다.

② 수단적 일상생활동작(IADL)

가사 활동으로 구성된 지표로 식사, 청소, 빨래 등의 지표와 생활 필수 활동인 장 보기, 전화 걸기, 대중교통 이용하기 등의 지표로 구성된다.

③ 사회활동

성인의 경우 직장생활을 하는지 여부, 아동의 경우 학교생활을 하는지 여부를 측정하는 2개의 지표로 구성되어 있다.

④ 가구환경

함께 거주하는 가구원 수를 파악하는 지표와 주거특성으로 엘리베이터 등의 설치 여부를 측정하는 5개의 지표로 구성되어 있다.

〈표 7-1〉 장애인활동지원제도 조사표

<table>
<tr><th colspan="3">구 분</th><th>아동(만 6~18세)</th><th>성인(만 19~64세)</th></tr>
<tr><td rowspan="7">서비스 필요도 평가</td><td colspan="2">합 계</td><td>27개 지표</td><td>36개 지표</td></tr>
<tr><td rowspan="4">기능제한</td><td>계</td><td>20개 지표</td><td>29개 지표</td></tr>
<tr><td>일상생활동작</td><td>9개 지표</td><td>13개 지표</td></tr>
<tr><td>수단적인
일상생활동작</td><td>6개 지표</td><td>8개 지표</td></tr>
<tr><td>인지행동특성</td><td>5개 지표</td><td>8개 지표</td></tr>
<tr><td colspan="2">사회활동</td><td colspan="2">2개 지표(직장, 학교생활)</td></tr>
<tr><td colspan="2">가구환경</td><td colspan="2">5개 지표
(독거, 취약, 조손, 한부모,
본인을 제외한 가족의 사회생활)</td></tr>
</table>

2) 노인장기요양제도 인정조사표

(1) 신체기능(기본적 일상생활 기능) 영역

① 최근 한 달간의 상황을 종합하여 일상생활에서 다른 사람의 도움을 받는 정도를 평가한다. 옷 벗고 입기, 세수하기, 양치질하기, 목욕하기, 식사하기, 체위 변경하기, 일어나 앉기, 옮겨 앉기, 방 밖으로 나오기, 화장실 사용하기, 대소변 조절하기, 머리 감기 등을 완전 자립, 부분 도움, 완전 도움으로 구분하여 측정하고 있다.

② 일상생활 자립도는 신청인의 평소 일상생활 자립 정도를 종합하여 장애여부(와상도)를 정상, 생활 자립, 준 와상 상태, 완전 와상 상태로 구분하여 측정하고, 치매 여부(인지증)를 자립, 불완전 자립, 부분 의존, 완전 의존으로 구분하여 특정한다.

(2) 사회생활기능(수단적 일상생활 기능) 영역

최근 한 달간의 상황을 종합하여 일상생활에서 다른 사람의 도움을 받는 정도를 평가한다. 집안일하기, 식사 준비하기, 빨래하기, 금전관리, 물건사기, 전화사용하기, 교통수단 이용하기, 근거리 외출하기, 몸단장하기, 약 챙겨 먹기 등의 항목을 완전 자립, 부분 도움, 완전 도움으로 구분하여 측정한다.

(3) 인지기능 영역

최근 한 달간의 상황을 종합하여 기억력, 날짜, 장소, 나이, 이해력, 판단력, 의사소통장애, 계산력, 하루일과, 가족인지 등의 여부를 측정한다.

(4) 행동변화 영역

최근 한 달간의 상황을 종합하여 피해의식, 환청이나 환시, 우울성향, 수면상태, 협동, 서성거림, 길 잃음, 위협적 행동, 가출, 물건 파괴, 부적절한 행동 여부,

물건 감추기, 부적절한 옷 입기, 대소변 불결행위, 화기관리, 고함치기, 부적절한 성적 행동, 물건 먹기, 부적절한 간섭, 식사거부, 과도한 동행 여부를 측정한다.

(5) 간호처치 영역

최근 2주간의 상황을 종합하여 기관지 절개관 간호, 흡인, 산소요법, 욕창간호, 경관영양, 암성통증간호, 도뇨관리, 장루간호, 투석간호, 당뇨발간호의 증상유무를 측정한다.

(6) 재활 영역

좌우측상지, 좌우측하지의 운동장애 정도를 운동장애 없음, 불완전 운동장애, 완선 운동상애로 구분하여 측정한다. 또 어깨관절, 팔꿈치관절, 손목 및 수지관절, 엉덩관절, 무릎관절, 발목관절 등을 관절제한 정도에서 제한 없음, 한쪽관절 제한, 양관절 제한으로 측정하고 있다.

(7) 시력 · 청력 상태

시력상태는 정상, 1미터 떨어진 달력, 눈앞에 근접한 글씨, 거의 보이지 않음, 판단불능으로 측정하고 청력상태는 정상, 보통의 소리 듣기 여부, 큰 소리, 거의 들리지 않음, 그리고 판단 불능으로 측정한다.

(8) 기타

복지용구지원 여부, 주수발자의 지원 여부, 환경평가, 질병 여부 등을 조사한다.

〈표 7-2〉 노인장기요양제도 인정조사표

조사영역	조사항목	문항별 점수				산정방법
기능제한 (X1)	일상생활동작 ADL	①	②	③	④	13개 항목의 문항별 점수를 합산한다.
	1. 옷갈아입기	0점	4점	8점	24점	
	2. 목욕하기	0점	3점	6점	18점	
	3. 구강청결	0점	2점	4점	12점	
	4. 음식물 넘기기	0점	2점	4점	12점	
	5. 식사하기	0점	4점	8점	24점	
	6. 누운 상태에서 자세 바꾸기	0점	2점	4점	12점	
	7. 옮겨 앉기	0점	5점	10점	30점	
	8. 시청각복합평가	0점	6점	12점	36점	
	9. 앉은 자세 유지	0점	3점	6점	18점	
	10. 보행(실내)	0점	4점	8점	24점	
	11. 이동(실외)	0점	8점	16점	48점	
	12. 배변	0점	6점	12점	36점	
	13. 배뇨	0점	4점	8점	24점	
	수단적 일상생활동작 IADL	①	②	③	④	8개 항목의 문항별 점수를 합산한다.
	1. 전화 사용	0점	2점	4점	12점	
	2. 물건 사기	0점	2점	4점	12점	
	3. 식사준비	0점	4점	8점	24점	
	4. 청소	0점	2점	4점	12점	
	5. 빨래하기	0점	2점	4점	12점	
	6. 약 챙겨 먹기	0점	2점	4점	12점	
	7. 금전관리	0점	2점	4점	12점	
	8. 대중교통 이용	0점	4점	8점	24점	
	인지행동특성	①	②	③		8개 항목의 문항별 점수를 합산한다.
	1. 주의력	0점	10점	20점		
	2. 위험인식	0점	9점	18점		
	3. 환각환청망상	0점	2점	4점		
	4. 조울상태	0점	2점	4점		
	5. 돌발행동	0점	4점	8점		

	6. 공격행동	0점	4점	8점	
	7. 자해	0점	4점	8점	
	8. 집단부적응	0점	12점	24점	
사회활동 (X2)	사회활동	①	②		항목 간 합산하지 않고 최대 24점만 인정한다.
	1. 직장생활	0점	24점		
	2. 학교생활	0점	6점		
가구환경 (X3)	가구특성	①	②		항목 간 합산하지 않고 최대 36점만 인정한다.
	1. 1인 독거 가구	0점	36점		
	2. 취약가구	0점	36점		
	3. 나머지 가족의 사회생활	0점	12점		
	주거특성	①	②		항목 간 합산하지 않고 최대 4점만 인정한다.
	1. 이동에 제한이 있고 지하층 또는 2층 이상 거주	0점	2점		
	2. 이동에 제한이 있고, 승강기 없는 지하층 또는 2층 이상 거주	0점	4점		

■ 노인장기요양보험법 시행규칙 [별지 제5호서식] 〈개정 2019. 9. 27.〉

장기요양인정조사표

※ [ ]에는 해당되는 곳에 ✓표를 합니다. (제1쪽 앞면)

1. 일반사항

<table>
<tr><td>① 구분</td><td colspan="5">[ ] 장기요양인정신청 [ ] 갱신신청 [ ] 등급변경신청 [ ] 이의신청</td></tr>
<tr><td rowspan="2">② 조사원</td><td>성명</td><td colspan="2"></td><td>소속(지사)</td><td></td></tr>
<tr><td>조사장소</td><td colspan="2"></td><td>조사일시</td><td></td></tr>
<tr><td rowspan="7">③ 신청인
(본인)</td><td>성명</td><td colspan="2"></td><td>생년월일</td><td></td></tr>
<tr><td>전화번호</td><td colspan="2"></td><td>도서 · 벽지 대상자</td><td>[ ] 도서지역
[ ] 벽지지역</td></tr>
<tr><td>주민등록지</td><td colspan="4"></td></tr>
<tr><td>실제 거주지</td><td colspan="4"></td></tr>
<tr><td>장기요양등급</td><td colspan="2"></td><td>인정유효기간</td><td></td></tr>
<tr><td>보호자 또는
주 수발자
성명(관계)</td><td colspan="2">( )</td><td>보호자 또는 주 수발자
전화번호</td><td></td></tr>
<tr><td colspan="5"></td></tr>
<tr><td>④ 참석인</td><td>성명</td><td></td><td>신청인과의
관계</td><td></td><td>전화번호</td></tr>
<tr><td>⑤ 주거상태</td><td colspan="5">[ ]자택 [ ]노인요양시설 [ ]단기보호시설
[ ]양로시설 [ ]요양병원 [ ]기타 병 · 의원 [ ]기타( )</td></tr>
<tr><td rowspan="2">⑥ 동거인</td><td colspan="5">현재 신청인과 동거하는 자에 대해 복수표시 가능</td></tr>
<tr><td colspan="5">[ ]독거 [ ]부부 [ ]부모 [ ]자녀(며느리, 사위 포함)
[ ]손자녀 [ ]친척 [ ]친구 · 이웃 [ ]입소시설 관계자 [ ]기타( )</td></tr>
<tr><td rowspan="4">⑦ 현재 받고 있는 급여
(과거 3개월간 평균 횟수 · 일수 기록)</td><td>재가급여</td><td colspan="2">[ ]방문요양(회/주)
[ ]방문목욕(회/주)
[ ]방문간호(회/주)</td><td colspan="2">[ ]단기보호(일/주)
[ ]주 · 야간보호(일/주)
[ ]주 · 야간보호시설 내 치매전담실 이용(일/주)
[ ]복지용구(구입 · 대여)</td></tr>
<tr><td>시설급여</td><td colspan="4">[ ]노인요양시설 [ ]노인요양시설 내 치매전담실
[ ]노인요양공동생활가정 [ ]치매전담형 노인요양공동생활가정</td></tr>
<tr><td>특별
현금급여</td><td colspan="4">[ ]가족요양비 [ ]특례요양비 [ ]요양병원간병비</td></tr>
<tr><td>그 밖의 서비스</td><td colspan="4">[ ]노인돌봄서비스 [ ]가사간병방문도움
[ ]보건소사업( ) [ ]개인간병인
[ ]치매상담센터 [ ]기타( )</td></tr>
<tr><td rowspan="5">⑧ 희망급여
종류</td><td colspan="5">현재 신청인이 희망하는 급여에 대해 복수표시 가능</td></tr>
<tr><td>재가급여</td><td colspan="4">[ ]방문요양 [ ]방문목욕 [ ]방문간호
[ ]단기보호 [ ]주 · 야간보호
[ ]주 · 야간보호시설 내 치매전담실 이용 [ ]복지용구(구입 · 대여)</td></tr>
<tr><td>시설급여</td><td colspan="4">[ ]노인요양시설 [ ]노인요양시설 내 치매전담실
[ ]노인요양공동생활가정 [ ]치매전담형 노인요양공동생활가정</td></tr>
<tr><td>특별
현금급여</td><td colspan="4">[ ]가족요양비 [ ]특례요양비 [ ]요양병원간병비</td></tr>
<tr><td colspan="2">1순위 희망급여종류 및 내용</td><td colspan="3"></td></tr>
<tr><td colspan="2">⑨ 등급외 판정 시 희망 서비스
(등급외 판정 시 지역사회 자원 연계를 위한 참고자료입니다)</td><td colspan="4">[ ]노인돌봄서비스 [ ]보건소 사업 [ ]노인 일자리 사업
[ ]치매상담센터 [ ]주거개선사업 [ ]무료진료연계
[ ]급식 및 도시락 반찬 [ ]건강운동교실 [ ]가사간병방문도움
[ ]활동보조 [ ]목욕 · 이미용 [ ]여가, 문화, 교육
[ ]말벗 [ ]기타( ) [ ]거부</td></tr>
<tr><td>⑩ 등록장애</td><td colspan="5">※장애의 종류 및 등급 기록</td></tr>
</table>

〈참고사항〉

210mm×297mm[백상지 80g/㎡]

(제1쪽 뒷면)

2. 장기요양인정 · 욕구사항

ㅇ 신청인의 기능상태 등에 대한 정보를 종합하여 다음의 해당란에 ✓표로 표시함.

ㅇ 각 항목 아래의 빈칸에 특기사항을 기록함.

가. 신체기능(기본적 일상생활 기능) 영역

1) 최근 한 달간의 상황을 종합하여 일상생활에서 다음과 같은 동작을 할 때 다른 사람의 도움을 받는 정도를 평가하여 해당란에 ✓표로 표시함.

항 목	기능 자립 정도		
	완전 자립	부분 도움	완전 도움
① 옷 벗고 입기			
② 세수하기			
③ 양치질하기			
④ 목욕하기			
⑤ 식사하기			
⑥ 체위 변경하기			
⑦ 일어나 앉기			
⑧ 옮겨 앉기			
⑨ 방 밖으로 나오기			
⑩ 화장실 사용하기			
⑪ 대변 조절하기			
⑫ 소변 조절하기			
⑬ 머리 감기			

2) 일상생활 자립도

장애노인(와상도)	[ ]정상	[ ]생활 자립	[ ]준 와상 상태	[ ]완전 와상 상태
치매노인(인지증)	[ ]자립	[ ]불완전 자립	[ ]부분 의존	[ ]완전 의존

※ 신청인의 평소 일상생활 자립 정도를 종합하여 각각의 항목 해당란에 √표로 표시함.

(제2쪽 앞면)

나. 사회생활기능(수단적 일상생활 기능) 영역

최근 한 달간의 상황을 종합하여 일상생활에서 다음과 같은 동작을 할 때 다른 사람의 도움을 받는 정도를 평가하여 해당란에 ✓표로 표시함.

항 목	기능 자립 정도		
	완전 자립	부분 도움	완전 도움
① 집안일하기			
② 식사 준비하기			
③ 빨래하기			
④ 금전 관리			
⑤ 물건 사기			
⑥ 전화 사용하기			
⑦ 교통수단 이용하기			
⑧ 근거리 외출하기			
⑨ 몸 단장하기			
⑩ 약 챙겨 먹기			

(제2쪽 뒷면)

다. 인지기능 영역

최근 한 달간의 상황을 종합하여 신청인이 보였던 증상에 ✓표로 표시함.

항 목	증 상 여 부	
	예	아니요
① 방금 전에 들었던 이야기나 일을 잊는다.		
② 오늘이 몇 월 며칠인지 모른다.		
③ 자신이 있는 장소를 알지 못한다.		
④ 자신의 나이와 생일을 모른다.		
⑤ 지시를 이해하지 못한다.		
⑥ 주어진 상황에 대한 판단력이 떨어져 있다.		
⑦ 의사소통이나 전달에 장애가 있다.		
⑧ 계산을 하지 못한다.		
⑨ 하루 일과를 이해하지 못한다.		
⑩ 가족이나 친척을 알아보지 못한다.		

(제3쪽 앞면)

라. 행동변화 영역

최근 한 달간의 상황을 종합하여 신청인이 보였던 증상에 ✓표로 표시함.

항 목	증상여부	
	예	아니요
① 사람들이 무엇을 훔쳤다고 믿거나 자기를 해하려 한다고 잘못 믿고 있다.		
② 헛것을 보거나 환청을 듣는다.		
③ 슬퍼 보이거나 기분이 처져 있으며 때로 울기도 한다.		
④ 밤에 자다가 일어나 주위 사람을 깨우거나 아침에 너무 일찍 일어난다. 또는 낮에는 지나치게 잠을 자고 밤에는 잠을 이루지 못한다.		
⑤ 주위 사람이 도와주려 할 때 도와주는 것에 저항한다.		
⑥ 한군데 가만히 있지 못하고 서성거리거나 왔다 갔다 하며 안절부절 못한다.		
⑦ 길을 잃거나 헤맨 적이 있다. 외출하면 집이나 병원, 시설로 혼자 들어올 수 없다.		
⑧ 화를 내며 폭언이나 폭행을 하는 등 위협적인 행동을 보인다.		
⑨ 혼자서 밖으로 나가려고 해서 눈을 뗄 수가 없다.		
⑩ 물건을 망가뜨리거나 부순다.		
⑪ 의미 없거나 부적절한 행동을 자주 보인다.		
⑫ 돈이나 물건을 장롱같이 찾기 어려운 곳에 감춘다.		
⑬ 옷을 부적절하게 입는다.		
⑭ 대소변을 벽이나 옷에 바르는 등의 행위를 한다.		
⑮ 가스불이나 담뱃불, 연탄불과 같은 화기를 관리할 수 없다.		
⑯ 혼자 있는 것을 두려워하여 누군가 옆에 있어야 한다.		
⑰ 이유 없이 크게 소리치고 고함을 친다.		
⑱ 공공장소에서 부적절한 성적 행동을 한다.		
⑲ 음식이 아닌 물건 등을 먹는다.		
⑳ 쓸데없이 간섭하거나 참견한다.		
㉑ 식습관 및 식욕변화를 보이거나 이유 없이 식사를 거부한다.		
㉒ 귀찮을 정도로 붙어서 따라 다닌다.		

(제3쪽 뒷면)

마. 간호처치 영역

최근 2주간의 상황을 종합하여 해당란에 ✓표로 표시함.

항목	증상 유무		항목	증상 유무	
	있다	없다		있다	없다
① 기관지 절개관 간호			⑥ 암성통증 간호		
② 흡인			⑦ 도뇨(導尿) 관리		
③ 산소요법			⑧ 장루(창자샛길) 간호		
④ 욕창 간호			⑨ 투석 간호		
⑤ 경관 영양			⑩ 당뇨발 간호		

※ 암성통증 간호에 해당되지 않는 통증이 있을 경우 특기사항에 기록함.
※ 당뇨발 간호에 해당되지 않는 상처가 있을 경우 특기사항에 기록함.

바. 재활 영역

반드시 각 항목을 신청인이 직접 수행하도록 한 후 해당란에 √표로 표시함.

항목	운동장애 정도		
	운동장애 없음	불완전 운동장애	완전 운동장애
① 우측상지			
② 좌측상지			
③ 우측하지			
④ 좌측하지			

항목	관절제한 정도		
	제한 없음	한쪽관절 제한	양관절 제한
⑤ 어깨관절			
⑥ 팔꿈치관절			
⑦ 손목 및 수지관절			
⑧ 엉덩관절			
⑨ 무릎관절			
⑩ 발목관절			

(제4쪽 앞면)

사. 복지용구

현재 보유하고 있거나, 이용하기를 희망하는 복지용구의 해당란에 ✓표로 표시함.

용구	보유	희망	용구	보유		희망	
				구입	대여	구입	대여
① 이동변기			⑪ 수동휠체어				
② 목욕의자			⑫ 전동침대				
③ 성인용 보행기			⑬ 수동침대				
④ 안전손잡이			⑭ 욕창예방 매트리스				
⑤ 미끄럼 방지용품 *			⑮ 이동 욕조				
⑥ 간이변기(간이대변기 · 소변기)			⑯ 목욕리프트				
⑦ 지팡이			⑰ 배회감지기				
⑧ 욕창예방 방석			⑱ 경사로				
⑨ 자세변환 용구							
⑩ 요실금 팬티							

*미끄럼 방지용품 : 미끄럼방지매트, 미끄럼방지액, 미끄럼방지양말

※ 신청인이 필요하다고 생각하지만 급여이용을 희망하지 않거나 그 밖에 의견이 있다면 특기사항에 기록함.

아. 지원형태

① 주 수발자	[ ]없음 [ ]배우자 [ ]부모 [ ]자녀(며느리, 사위 포함) [ ]손자녀 [ ]친척 [ ]친구 · 이웃 [ ]간병인 [ ]자원봉사자 [ ]기타( )	
② 주 수발자의 도움영역	[ ]신체기능 [ ]사회생활기능 [ ]정서적 지지	
③ 하루 종일 혼자 있음	[ ]예	[ ]아니요

자. 환경 평가

주거 상황이 건강에 해롭거나 지내기 어려운 환경을 만드는지 평가
(조명, 바닥 상태, 욕실 및 화장실 환경, 부엌 환경, 냉방과 난방, 개인안전, 환기 등)

① 조명(눈부심, 그림자, 스위치 위치 등)	[ ]양호 [ ]불량
② 바닥과 벽지 (마룻바닥, 벽지상태)	[ ]양호 [ ]불량
③ 계단(계단 난간 위치)	[ ]양호 [ ]불량
④ 주방(가스기구, 조리기구 위치)	[ ]양호 [ ]불량
⑤ 문턱 여부(현관, 방, 화장실)	[ ]유 [ ]무
⑥ 난방과 환기(적정 수준의 온도와 환기)	[ ]양호 [ ]불량
⑦ 화장실 세면대 설치 여부	[ ]유 [ ]무
⑧ 좌변기 여부	[ ]유 [ ]무
⑨ 온수 여부	[ ]유 [ ]무
⑩ 욕조 여부	[ ]유 [ ]무

(제4쪽 뒷면)

차. 시력 · 청력 상태

① 시력 상태	[ ] ㄱ. 정상 [ ] ㄴ. 1미터 떨어진 달력은 읽을 수 있으나 더 먼 거리는 보이지 않는다. [ ] ㄷ. 눈앞에 근접한 글씨는 읽을 수 있으나 더 먼 거리는 보이지 않는다. [ ] ㄹ. 거의 보이지 않는다. [ ] ㅁ. 보이는지 판단 불능
② 청력 상태	[ ] ㄱ. 정상 [ ] ㄴ. 보통의 소리를 듣기도 하고, 못 듣기도 한다. [ ] ㄷ. 큰 소리는 들을 수 있다. [ ] ㄹ. 거의 들리지 않는다. [ ] ㅁ. 들리는지 판단 불능

카. 질병 및 증상
신청인이 현재 앓고 있는 질병 또는 증상에 대해 해당란에 ✓표로 표시함.

① 질병 및 증상	[ ] ㄱ. 없음 [ ] ㄴ. 치매 [ ] ㄷ. 중풍(뇌졸중) [ ] ㄹ. 고혈압 [ ] ㅁ. 당뇨병 [ ] ㅂ. 관절염(퇴행성, 류마티스) [ ] ㅅ. 요통, 좌골통(디스크탈출증, 척수관협착증) [ ] ㅇ. 일상생활에 지장이 있을 정도의 호흡곤란(심부전, 만성폐질환, 천식) [ ] ㅈ. 난청 [ ] ㅊ. 백내장, 녹내장 등 시각 장애 [ ] ㅋ. 골절, 탈골 등 사고로 인한 후유증 [ ] ㅌ. 암(진단명 :) [ ] ㅍ. 기타 (진단명 :)

② 주요 질병 및 증상
①에서 파악된 내용 가운데 신청인의 현재 기능상태 저하에 가장 직접적인 원인이 되고 비중이 높은 항목 한 가지만 ✓표로 표시함.

[ ] ㄱ. 치매 [ ] ㄴ. 중풍 [ ] ㄷ. 치매 + 중풍
[ ] ㄹ. 고혈압 [ ] ㅁ. 당뇨병 [ ] ㅂ. 관절염
[ ] ㅅ. 요통, 좌골통
[ ] ㅇ. 일상생활에 지장이 있을 정도의 호흡곤란
[ ] ㅈ. 난청 [ ] ㅊ. 백내장, 녹내장 등 시각 장애
[ ] ㅋ. 골절, 탈골 등 사고로 인한 후유증 [ ] ㅌ. 암
[ ] ㅍ. 기타 (진단명:) ※1가지 진단명만 적으십시오.

08
CHAPTER

사례관리 실천과정 : 초기단계

1. 접수과정
2. 사정(Assessment)
3. 사례회의

08
CHAPTER

사례관리 실천과정 : 초기단계

학습목표

1. 사례관리 실천 과정에 따른 제반 문서를 작성할 수 있다.
2. 사례관리 초기면접지를 활용하여 클라이언트의 상황을 조사할 수 있다.
3. 클라이언트의 가족력, 가계도, 생태도를 통해 정보를 수집할 수 있다.
4. 사례관리 과정을 지원할 수 있는 내부・외부 슈퍼비전 체계를 구축할 수 있다.

사례관리의 실천과정은 접수, 사정, 개입계획 수립, 개입, 평가 및 종결의 5단계로 구분할 수 있다. 접수단계는 클라이언트가 자신의 욕구나 문제를 가지고 사회복지기관에 도움을 요청하는 단계로서 이때 기관의 정책이나 규정, 혹은 서비스의 내용이 클라이언트의 욕구 해결에 적합한지를 판단하는 것이 중요하다. 사정단계는 접수된 클라이언트의 다양한 정보를 수집하고, 전반적인 서비스 계획의 수립을 위해 분석하는 과정이다. 개입계획의 수립과정은 클라이언트에 대한 서비스의 목적을 수립하고, 서비스의 우선순위를 정하여 서비스계획을 수립하는 과정이며, 개입단계는 서비스의 계획과 목적에 맞게 직접 서비스를 실행하는 실질적인 과정이다. 마지막으로 서비스의 효과성과 효율성을 측정하고 평가하여 서비스의 전 과정에 대한 종결단계로 마무리가 된다.

본 장에서는 사례관리 실천과정에서 초기단계로서 접수과정과 사정단계에 대하여 살펴보고자 한다.

1. 접수과정

1) 사례발견

사례발견은 사례관리기관에서 일반적으로 클라이언트를 발견하는 방법으로 대부분 아래의 범주에 포함된다(서울시복지재단, 2009 : 67-70 부분 수정).

(1) 공공기관을 통한 발견

① 매년 구청 또는 행정복지센터(이전 주민자치센터, 동사무소)에서 지역 내 수급권자 및 차상위계층, 결식아동 명단을 확보하여 클라이언트를 발견하고 있으므로 구청과 행정복지센터와 긴밀한 협조체계를 구축하여 매년 명단을 확보할 수 있다.

② 학교 및 교육청 등에서 결식 또는 저소득 자녀에 대해 사회복지서비스를 사례관리기관에 요청하는 경우로 교육청 또는 학교에서 사회복지서비스가 필요한 학생들을 의뢰할 수 있다.

③ 기타 공공기관에서 사회복지서비스를 요청하는 경우가 포함된다.

(2) 민간단체를 통한 발견

타 사회복지기관에서의 클라이언트 의뢰로 보통 사례의뢰서 양식에 의해 이루어진다. 마찬가지로 사례관리기관에서 타 사회복지기관으로 클라이언트를 의뢰할 경우 사례의뢰서 양식에 의한다. 시민단체 및 임의단체를 통하여 클라이언트를 의뢰받을 수 있다.

(3) 대상자의 요청에 의한 발견

현재 기관에서 서비스를 제공받고 있는 클라이언트에 의해 소개되는 대상자로 이미 제공되고 있는 서비스에 대해 클라이언트가 알고 있는 경우가 많다. 이러한 경우 소개받은 클라이언트가 본인의 욕구에 적합한 서비스를 제공받기를 원하는 경우가 있을 수 있으므로 최초에 클라이언트를 확정할 때 사례관리기관이 그에 부합하는 서비스를 제공할 수 있는지 파악할 필요가 있다.

(4) 지역주민을 통한 발견

① 이웃의 어려움은 이웃이 가장 잘 알 수 있기 때문에 이 방법을 적극 활용할 필요가 있다. 일반 지역주민들이 어려움을 겪고 있는 이웃에 대해 어떻게 서비스를 받아야 할지 잘 모르는 경우가 있기 때문에 주민대표자모임 등을 통하여 재가복지사업을 적극 홍보할 필요가 있다.

② 사례관리기관의 서비스 혹은 프로그램에 참여하는 지역주민들을 활용하여 클라이언트를 발굴하는 방법이 효율적일 수 있다. 또한 거의 모든 가정에 인터넷이 보급되어 있는 상황에서 홈페이지를 활용하여 제공되는 프로그램 및 이용방법에 대하여 홍보하는 것이 필요하다.

(5) 자발적 방문에 의한 발견

클라이언트가 직접 기관을 방문하거나 전화로 서비스를 의뢰하는 경우이다. 이러한 경우 클라이언트가 매우 적극적으로 자신의 욕구를 표출할 수 있기 때문에 너무 과도하거나 무리한 서비스를 요구하는 경우에는 경험 많은 사례관리자가 면담하는 것이 바람직하다.

(6) 아웃리치(outreach)에 의한 발견

사례를 발굴하기 위해 직접 찾아가는 서비스로 서비스 정보에 대한 접근이 어려운 에이즈 환자나 치매노인 및 가족 등 사회적인 낙인으로 인해 노출을 꺼리는 대상자, 서비스의 존재 여부를 알지 못하거나 정보에서 소외된 주민 등이 대상이 된다.

2) 초기면접 및 관계형성

접수과정은 사례관리자와 클라이언트의 첫 대면이 이루어지는 과정이므로 무엇보다 클라이언트와의 관계형성이 중요하다. 일반적으로 클라이언트는 두려움과 기대감의 양가감정을 모두 가지고 있는 경우가 많다.

이때 사례관리자는 클라이언트와 긍정적인 신뢰 관계, 즉 라포(rapport)를 형성하는 것이 중요하다. 라포형성은 개입과정에서 클라이언트의 자발적인 참여를 가능하게 하며, 효율적인 의사소통의 기본이 된다. 라포형성을 통해 클라이언트는 자연스럽게 자신의 문제와 감정을 표현하게 된다. 따라서 사례관리자는 클라이언트를 만나기 전에 자신을 되돌아보고, 안정된 심리상태를 유지할 수 있도록 하여야 하며, 저항이나 양가감정과 같은 클라이언트의 반응에 대해 잘 대응할 수 있도록 준비하는 것이 필요하다. 그리고 면접에서 클라이언트의 언어적・비언어적 반응에 대해 민감성을 가지고 파악하는 자세가 중요하다(남연희 외, 2012).

특히 비자발적인 클라이언트와 자발적이지만 문제해결에 대해 다소 부정적이거나 회의적인 반응을 보이는 클라이언트와의 관계형성은 매우 중요하다. 비자발적인 클라이언트의 경우 일반적인 행동 양식에 부정, 투사, 적개심, 거리두기 등의 행동적 특성을 볼 수 있는데, 이때 사례관리자는 다음과 같은 기술이 필요하다.

① 클라이언트의 저항에 대해 인정하고 수용하는 말로 전달하는 것이 필요하다. 이는 클라이언트가 부정적인 감정을 표현하고 싶어 하는 것을 사례관리자가 이해하고 이를 수용할 수 있음을 클라이언트에게 표현하는 것이다.

② 현실을 명료화하기 위하여 왜 자신이 여기에 있는지, 자신의 생각을 말하도록 하는 것이 필요하다. 자신이 원하지 않은 의뢰에 대해 자신의 느낌을 표현하고 반응의 기회를 가지는 것이다(Perlman, 1979).

또한 의기소침해 있는 클라이언트를 위한 사례관리자의 자세는 수용적이고 여유로운 마음가짐이 필요하며 다음과 같은 기술이 필요하다(임상록 외, 2009).

① 비협조적이고 냉담한 클라이언트를 처음부터 사례관리자의 의지대로 변화

시키려고 하기보다는 있는 그대로 수용하는 노력을 해야 한다.

② 클라이언트의 상태를 잘 이해하고 있다는 느낌을 갖도록 감정이입적인 태도를 보인다.

③ 클라이언트의 감정을 표출하도록 유도하되 그가 분노하고 있는 감정이 무엇인지, 의기소침해 있는 이유가 무엇인지를 알아보고 클라이언트에게 반드시 필요한 구체적인 서비스를 제공할 수 있도록 하여 긍정적인 관계형성을 한다.

④ 클라이언트의 긍정적인 변화에 대해 희망과 용기를 갖도록 격려한다.

⑤ 클라이언트의 단기간의 변화를 기대하여 부담을 주기보다는 점진적인 관계형성을 통해 신뢰관계가 이루어질 수 있도록 인내심을 가지고 노력한다.

초기면접에서 사례관리자는 위와 같은 노력으로 클라이언트가 자신의 문제를 인식하고 스스로 변화를 꾀할 수 있는 능력을 가질 수 있도록 해결능력을 키워주고, 변화의 가능성이 충분히 있음을 확신할 수 있게 지지해 주어야 한다.

3) 접수 및 의뢰

접수과정에서 중요한 과업 중의 하나가 클라이언트의 문제를 확인하는 것이다. 이 과정은 클라이언트가 호소하는 문제와 이와 관련된 상황에서부터 시작한다. 사례관리사는 초기면접에서 클라이언트의 대략적인 욕구를 파악하고 사례관리 대상이 되는지의 여부를 잠정적으로 판단하게 된다(박미은, 2015).

클라이언트가 가지고 있는 문제들은 다양하고 복잡하게 나타날 수 있는데, 일반적으로 클라이언트 개인의 문제와 개인과 환경 간의 역기능적인 상호작용으로 인한 문제 등이 있다. 사례관리자는 클라이언트의 문제에 대한 정확한 판단을 내리기 위해 우선 클라이언트와 그 가족, 그리고 관련된 다양한 정보를 파악해야 한다. 클라이언트의 특성과 문제, 욕구, 그리고 클라이언트의 자원과 문제해결 능력 등에 대한 구체적인 정보를 파악하고, 클라이언트와 그 가족에게 기관의 목적과 정책, 사례관리자의 역할, 기관에서 제공 가능한 서비스, 클라이언트의 역할, 기관의 한계점 등을 명확하게 설명해 줌과 동시에 클라이언트의 문제가 기관에서 제공할 수 있는 서비스에 부합한지를 판단하게 된다. 그러므로 접수를 담당하는 사례관리자는 이를 판단함에 무리가 없도록 경험과 지식이 풍부하여야 한다.

따라서 사례관리기관에서는 원활한 면접이 진행될 수 있도록 비밀이 보장될 수 있고, 편안한 분위기에서 방해받지 않고 면접이 이루어질 수 있는 상담실을 확보해야 한다. 또한 면접 방법에 대한 매뉴얼을 준비하거나, 면접자에 대한 윤리의식 및 비밀보장의 원칙에 대해 정기적으로 사례관리자 교육을 실시할 필요가 있다. 서울시복지재단(2009 : 94-95)에서 소개하고 있는 사례관리자의 면접기술은 다음과 같다.

① 면접을 준비함에 있어 클라이언트에 대한 기본 정보와 배경을 검토하고, 면접을 위한 장소 및 장애요인 등을 검토한다. 그리고 클라이언트와 면접 일정을 정하고 클라이언트가 불안해하지 않도록 배려한다.

② 면접이 시작되면 먼저 사례관리자를 소개(성명, 소속, 직위 등)하고, 클라이언트 및 동행인에 대한 소개를 요청하고 인사를 나누도록 한다. 이때 클라이언트나 동행인의 호칭을 어떻게 할 것인지 확인할 필요가 있다.

③ 상담실에서 사례관리자는 출입문 쪽에 자리를 잡아 위험상황 시 대피할 수 있도록 한다.

④ 사례관리자는 면접을 하기 전에 미리 질문내용을 준비하여야 하며, 면접 시작 시 기록에 대해 클라이언트의 동의를 얻어야 한다.

⑤ 면접의 목적을 설명한다. 면접의 목적을 설명하는 것은 클라이언트로 하여금 적절한 기대를 가지도록 하고 불필요한 혼동이나 막연한 불안을 해소하게 할 수 있다.

⑥ 기관의 정책 및 윤리적 요건, 기관의 서비스 수혜자격과 요건, 절차, 후속조치 등을 클라이언트에게 설명한다.

⑦ 질문은 육하원칙에 의해 명확하게 진행하며, 개방형 · 폐쇄형 질문을 적절

하게 활용한다.

⑧ 경청은 면접의 기본적인 태도이고, 경청한다는 것은 상대에게 이해한다는 것을 시사하는 실제적인 노력이며 관심을 기울이는 것이다.

⑨ 클라이언트가 말한 내용을 사례관리자가 잘 이해하고 있는지를 확인하기 위해 명료화하기, 바꾸어 말하기 등의 기법을 활용하며 클라이언트와 피드백(feedback)을 주고받는다.

⑩ 사례관리자는 면접의 목적 및 초점을 유지하기 위해 촉구, 탐색, 침묵 등의 기법을 활용한다.

⑪ 클라이언트가 자신의 욕구를 분명하게 밝히기 전에 사례관리자가 먼저 제공될 수 있는 서비스를 제시하지 않는다. 단, 비자발적인 클라이언트인 경우에는 제공 가능한 일부(보편적인) 서비스를 먼저 제시하여 클라이언트의 적극성을 유도할 필요가 있다.

⑫ 면접을 진행하면서 클라이언트의 현 상황에 대해 판단해서는 안 된다.

⑬ 클라이언트와 상담을 할 때 상담내용에 대한 기록 또는 녹취가 필요한 경우에는 사전에 클라이언트에게 동의를 얻어 실시하여야 한다. 만약 클라이언트가 이를 거부할 경우에는 기록과 녹취 없이 상담을 진행하여야 한다.

클라이언트의 면접을 통하여 사례관리기관의 서비스 제공에 적합하다고 판단되면 접수(intake)를 하게 된다. 접수 시트지는 〈표 8-1〉과 같다.

만일 클라이언트의 사례가 기관의 정책이나 서비스의 범위를 벗어난다면, 사례관리자는 적합한 서비스를 제공할 수 있는 기관으로 클라이언트를 연결해 주는 의뢰서비스가 필요하다. 여기서 의뢰서비스는 단순히 다른 기관에 대해 설명을 해주는 것에 그치는 것이 아니라, 의뢰하는 기관의 위치, 서비스 내용과 담당자 등 정확한 정보를 안내해 주어야 하며, 필요 시 그 기관의 접수 담당자와 직접 연결하는 적극적인 내용을 포함하고 있다(남연희 외, 2012).

〈표 8-1〉 접수(intake) 시트지

<table>
<tr><td colspan="8">1. 개인적 사항</td></tr>
<tr><td colspan="2">성명 :</td><td colspan="2">생년월일</td><td colspan="2">성별 : 남, 여</td><td colspan="2">종교</td></tr>
<tr><td colspan="2">학력 :</td><td colspan="2">(전)직업</td><td colspan="2">연고자</td><td colspan="2">기타</td></tr>
<tr><td colspan="8">2. 가족사항</td></tr>
<tr><td>관계</td><td>성명</td><td>연령</td><td>성별</td><td>학력</td><td>직업</td><td>소득</td><td>비고</td></tr>
<tr><td></td><td></td><td></td><td></td><td></td><td></td><td></td><td></td></tr>
<tr><td></td><td></td><td></td><td></td><td></td><td></td><td></td><td></td></tr>
<tr><td></td><td></td><td></td><td></td><td></td><td></td><td></td><td></td></tr>
<tr><td colspan="8">3. 사회적 관계망</td></tr>
<tr><td colspan="8">친가 :</td></tr>
<tr><td colspan="8">외가 :</td></tr>
<tr><td colspan="8">이웃 :</td></tr>
<tr><td colspan="8">4. 사회활동 및 경제력</td></tr>
<tr><td colspan="8"></td></tr>
<tr><td colspan="8">5. ADL, IADL, 사회성 등 평가 결과</td></tr>
<tr><td colspan="8"></td></tr>
<tr><td colspan="8">6. 장점 및 특기(취미)</td></tr>
<tr><td colspan="8"></td></tr>
<tr><td colspan="8">7. 초기에 드러난 문제(주요문제)</td></tr>
<tr><td colspan="8">8. 초기 대응 서비스</td></tr>
<tr><td colspan="8">9. 사회복지사의 과제(혹은 계획)</td></tr>
</table>

기 록 : (인)

4) 계 약

잠정적으로 사례관리 대상자로 선정이 되면 전반적인 사례관리 과정에 대해 설명을 하고, 클라이언트의 적극적인 참여를 권장하며, 필요한 동의와 계약절차를 밟는다. 그리고 기관의 양식에 따라 서면 동의서와 계약서를 작성하는 것이 원칙이다. 동의와 계약의 중요성은 다음과 같다(박미은, 2015).

첫째, 서비스 성과 및 결과에 대한 클라이언트의 책임을 강조할 수 있다.

둘째, 사례관리자와 기관의 일방적인 도움 제공이 아니라 클라이언트의 노력과 주체적 참여가 전제되어야 하는 협력적 실천임을 인식하여야 하기 때문이다.

서비스 동의서에는 클라이언트의 의무를 명시하고 서비스 계약기간을 명시한다. 이는 클라이언트가 긴급한 어려움이 있을 때 사례기관에서 신속히 대응할 수 있도록 하기 위함이다.

동의서 작성 시 반드시 유의해야 할 점은 클라이언트로 하여금 동의서를 읽어보게 하고 친필로 날짜나 서명을 하도록 하여야 한다. 비우호적인 클라이언트의 경우 서비스를 중단했을 때 갈등의 요인으로 작용할 수 있기 때문이다(서울시사회복지재단, 2009 : 123).

〈표 8-2〉 서비스 동의서-클라이언트의 의무 및 계약 양식사용 예시

클라이언트는 신상의 어려움이나 경제적인 변동이 있을 경우 복지관에 알려야 하며, 어려움을 해결하기 위해 같이 노력하여야 한다.
서비스 제공일 : 년 월 일 ~ 년 월 일 본 동의서는 ○○복지관에서 제공되는 서비스에 대하여 본 기관과 ○○○님이 상호 협의한 내용이며, 매년 1월 재작성을 원칙으로 한다. 또한 서비스 제공에 있어 문제 및 어려움이 있을 경우 클라이언트와 복지관과의 상호 협의를 통하여 조정이 가능하다.(단, 생활에 큰 변화가 없을 시 다시 작성하지 않을 수 있다) 년 월 일 클라이언트 : ○ ○ ○ (인) 담당사회복지사 : ○ ○ ○ (인)

출처 : 서울시사회복지재단(2009), p. 123.

5) 자료수집

초기단계에서의 자료수집은 클라이언트의 욕구를 해결하기 위한 모든 정보를 포함한다. 자료수집은 개입의 전 과정을 통해 이루어지지만 접수단계에서 가장 광범위한 자료수집이 이루어진다. 자료수집의 궁극적인 목표는 사례관리자가 사정을 위한 다양한 방면의 정보를 수집하여 클라이언트의 문제, 개인, 환경으로 범주화하기 위함이다(Timberlake et al., 2002).

초기단계에서의 자료수집 내용은 클라이언트의 자기보고와 사례관리자의 관찰, 전문가들로부터 받은 자료, 검사 혹은 평가도구를 활용한 자료에 이르기까지 다양하게 구성된다.

① 클라이언트 개인정보

클라이언트가 제공하는 정보로서 클라이언트의 자기보고에 해당하며, 그 내용은 클라이언트의 이름, 성별, 나이, 학력, 직업, 결혼관계, 주소, 전화번호 등과 가족구성원의 이름, 나이, 직업, 교육수준, 종교, 관계, 동거유무 등으로 구성된다. 또 가족을 포함한 클라이언트의 경제상황, 의뢰 이유와 의뢰과정, 그리고 이전의 기관 서비스 경험 등이 포함된다.

② 사례관리자의 관찰에 의해 수집할 수 있는 자료

클라이언트의 언어적 표현이 아닌 비언어적인 표현을 수집한 정보이며, 주로 클라이언트의 정서적 상태에 대한 정보를 수집한다. 이러한 정보를 얻기 위해 사례관리자는 클라이언트의 억양, 눈물, 손짓, 몸짓, 목소리의 떨림, 꽉 다물거나 깨문 입술, 표정의 변화 등에 주의를 기울여야 하며, 사례관리자는 클라이언트의 비언어적인 행동을 현재 클라이언트가 가지고 있는 문제와 관련하여 해석하고 설명할 수 있어야 한다(남현희 외, 2012).

③ 부수적 정보

사례관리자는 추가로 클라이언트의 부수적인 정보가 필요할 경우 클라이언트의 정보공개동의서를 받아 자료를 수집해야 한다. 여기에는 의사의 진단, 지역 내 사회복지기관이나 관공서 등의 자료가 포함된다.

④ 검사 혹은 평가도구를 활용한 자료 수집

심리검사, 지능검사, 자아존중감검사, 사회성숙도검사, 자아개념검사 등 객관적이고 표준화된 측정도구를 이용해 클라이언트의 내적·심리적 특성을 파악하는 것이 필요하다. 각종 검사도구들은 이러한 자료와 행동을 수량화해 유용하게 활용할 수 있지만, 검사에 대한 충분한 지식이 없다면 타 전문가의 도움을 받는 것이 바람직하며, 검사의 결과 또한 클라이언트의 자기분석과 함께 참고 자료로 활용되어야 한다.

박미은(2020 : 203-204)의 예시로 초기면접지 양식을 참고하면 다음과 같다.

〈표 8-3〉 초기면접지

<table>
<tr><td>접수번호</td><td></td><td>일시</td><td>년 월 일</td><td>면접자</td><td>ㅇㅇ복지관
사례관리자</td></tr>
<tr><td>면접 참여자</td><td>클라이언트
아들1, 아들2</td><td>장소</td><td colspan="3">□방문 ■내방 □전화 □지역사회( )</td></tr>
<tr><td>면접경로</td><td colspan="5">이웃주민의 신고로 복지관에 긴급하게 의뢰</td></tr>
</table>

<table>
<tr><td>클라이언트</td><td colspan="2">주xx</td><td colspan="2">성별</td><td>여</td><td>생년월일</td><td>xxxxxx</td></tr>
<tr><td>주소</td><td colspan="4">○○ 아파트</td><td>전화번호</td><td colspan="2">000-xxx-xxxx
010-xxx-xxxx</td></tr>
<tr><td>종교</td><td colspan="2">기독교</td><td colspan="2">장애유형</td><td>×</td><td>건강상태</td><td>나쁨</td></tr>
<tr><td rowspan="2">보호유형</td><td colspan="5">■수급자 □저소득/ 차상위 ■한부모가정지원
□기타 저소득( )</td><td rowspan="2">책정년도</td><td rowspan="2">20**</td></tr>
<tr><td colspan="5">□ 건강보험 ■ 의료급여 1종 □의료급여 2종 □기타</td></tr>
<tr><td>주거상태</td><td colspan="7">□ 자택 □ 전세 □ 월세 ■주거복지사업(영구임대) □ 기타</td></tr>
<tr><td rowspan="4">가족사항</td><td>관계</td><td>성명</td><td>나이</td><td>직업</td><td>동거여부</td><td>연락처</td><td>기타</td></tr>
<tr><td>모</td><td>주○○</td><td>43</td><td>자활근로자</td><td>○</td><td>010-xxx
-xxxx</td><td>생활 스트레스
우울과 무력감</td></tr>
<tr><td>아들1</td><td>박○○</td><td>12</td><td>초등학생</td><td>○</td><td></td><td>사망한 아버지에
대한 부정적 인식</td></tr>
<tr><td>아들2</td><td>박○○</td><td>10</td><td>초등학생</td><td>○</td><td></td><td>위클래스 상담</td></tr>
<tr><td rowspan="2">요구 및 정보</td><td colspan="2">구 분</td><td colspan="5">내 용</td></tr>
<tr><td colspan="2">클라이언트 *</td><td colspan="5">"기술은 있지만 정보가 부족해서 어떻게 해야 할지 모르겠어요"
"제대로 된 직업을 갖고 싶어요"</td></tr>
</table>

<table>
<tr><td rowspan="2"></td><td></td><td>“둘째 아이가 학교에 잘 적응했으면 좋겠어요”
“공과금, 생활비 문제를 해결하고 싶어요”
“아이들에게 교육을 지원해 주고 대학교에 보내고 싶어요”
“삶의 활기를 찾고 싶어요”</td></tr>
<tr><td>가족＊</td><td>아들1
“가족과 행복하게 살고 싶어요”
“역사공부를 하고 싶어요”
“엄마가 아빠처럼 저희를 두고 갈까봐 두려워요”

아들2
“가족과 함께하는 시간이 많았으면 좋겠어요”
“가족과 함께 외식을 하고 싶어요”</td></tr>
<tr><td rowspan="2">면접평가</td><td>사례관리자 의견(대상자 판정 사유)</td><td>어머니는 남편에게 지속적인 폭력을 당했으며, 남편의 사망 후에도 정서적으로 많이 힘들어하고 있다. 또한 공과금과 생활비, 자녀 교육비 부족으로 인한 경제적 어려움을 토로하고 있다. 아이들 역시 교육에 대한 욕구가 있으나 경제적 상황으로 인해 충족되지 못하고 있으며, 아버지가 어머니에게 폭행을 일삼는 모습을 보고 자랐기 때문에 정서적으로 많이 불안해 보인다. 이런 경제적인 어려움을 극복하고 어머니와 아이들의 정서적 불안을 해결하여 가정의 안정을 되찾기 위해 사례관리 대상자로 선정하게 되었다.</td></tr>
<tr><td>대상자 판정</td><td>■ 대상</td></tr>
</table>

＊ 굵은 표시가 된 것은 사정단계에서 ‘요구사항 및 욕구’에 반영된 것임

출처 : 박미은(2020), pp. 203-204.

2. 사정(Assessment)

사정은 수집된 자료를 바탕으로 자료들을 해석하고 의미를 부여하여 서비스 개입을 위한 클라이언트의 문제를 규명하는 과정이다. 또한 사정은 클라이언트에 대해 개별적으로 이루어지는 개별성, 클라이언트의 욕구 · 문제 · 능력 · 사회자원 등 다양한 분야를 분석하는 포괄성, 사정 과정에서 클라이언트, 가족 및 다양한 전문가가 참여하는 참여성, 다양한 정보와 자료를 체계적으로 분석하는 체계성, 클라이언트에 대한 사정이 연속선상에서 이루어지는 연속성 등의 특징을 지니고 있다(이근홍, 2015 부분 수정).

1) 사정의 주요 내용

(1) 클라이언트의 욕구 사정

클라이언트의 욕구에 대한 사정은 클라이언트가 가지고 있는 문제의 본질을 파악할 수 있는 중요한 정보가 되며, 이를 바탕으로 효과적인 개입 전략을 수립할 수 있다. 이때 클라이언트의 충족되지 않은 욕구를 중심으로 사정해야 하며, 사정의 내용에는 클라이언트의 소득, 주택소유 여부와 주거환경, 직업 및 고용상태, 신체 및 정신 건강상태, 여가활동과 대인관계, 독립적인 이동 여부와 법률적 욕구, 교육에 대한 열의와 교육 수준 등이 포함되어야 한다.

클라이언트의 문제와 욕구는 사정과정을 통해 전반적으로 확인되어야 하며, 무엇보다 클라이언트 자신이 가장 훌륭한 자료원임을 고려하여 클라이언트의 진술을 토대로 파악하여야 한다. 따라서 사례관리자는 클라이언트의 언어적·비언어적 표현에 민감해야 하며, 가족을 포함한 클라이언트의 중요한 타자들의 진술과 과거 서비스를 제공받은 경험이 있는 경우 이전의 서비스 제공자의 진술과 기존의 자료를 활용하는 것도 좋은 자료가 될 수 있다(이근홍, 2015).

(2) 클라이언트의 기능 및 능력 사정

사례관리 사정에서 중요한 요소 중의 하나는 클라이언트의 기능 및 능력에 대한 사정이다. 클라이언트의 기능으로는 신체적 기능, 인지적 기능, 감정적 기능, 행동적 기능이 있으며, 이는 클라이언트가 스스로 자신의 욕구를 충족시킬 수 있는가를 사정하기 위한 것이다. 그 외에도 클라이언트의 역기능적인 요소인 불안, 우울, 망상, 치매, 편집성, 요실금, 망각 등에 대해서도 사정하는 것이 바람직하다(이근홍, 2015).

그리고 사례관리자는 클라이언트의 능력을 사정하는 것도 중요하다. 클라이언트가 자신의 욕구를 스스로 충족시키고 자신의 문제를 해결할 수 있는 역량을 갖추고 있는지에 대해 강점 관점으로 사정하는 것이 필요하다. 그 과정을 통해 클라이언트 또한 자신이 단지 수동적으로 서비스를 제공받는 존재가 아니라 자신의 능력과 기능을 활용하여 스스로 욕구를 충족시킬 수 있는 능동적인 존재임을 인식하게 될 것이다.

(3) 클라이언트의 자원 사정

클라이언트의 자원은 비공식적 지지체계와 공식적 지지체계로 나누어 볼 수 있다. 먼저 비공식적 지지체계는 가족과 친척, 친구, 이웃 등이 있으며, 이들은 클라이언트와 근거리에서 빈번한 접촉이 가능한 사람들이다. 이들이 클라이언트에게 줄 수 있는 도움으로는 정서적 지지, 집안 청소, 장 보기, 이동을 위한 지원, 공공요금 납부, 행정업무 대행 등이 있다.

비공식적 지지체계에 대한 사정은 ① 클라이언트에게 서비스를 제공하는 유형별 관계의 수, ② 클라이언트와 직접적으로 교류를 갖는 사람이나 비공식 집단의 수, ③ 비공식 지원체계와의 친밀성, ④ 비공식 지원체계의 위치와 접근성, ⑤ 현재 제공하는 서비스의 종류, ⑥ 클라이언트에 대한 정서적 지지의 강도와 빈도, ⑦ 비공식 지원체계의 사회적·경제적·신체적 능력, ⑧ 클라이언트의 욕구충족과 문제해결을 위한 효과적인 대처 전략, ⑨ 서비스 이용 가능성과 지속성, ⑩ 비공식 지원체계와의 상호작용의 양과 질 등이다(Moxley, 1989).

다음은 공식적 지지체계에 대한 사정으로, 사례관리자는 클라이언트가 이용하거나 혹은 이용 가능한 공식적 지지체계를 파악해야 한다. 공식적 지지체계에 대한 사정은 ① 공식적 지지체계가 지원할 수 있는 자원의 종류와 내용, ② 공식적 지지체계의 접근성, ③ 서비스 이용 가능성, ④ 서비스의 적절성, ⑤ 욕구와 문제에 대처하는 서비스 기관의 능력 등에 대해 이루어진다(Moxley, 1989).

2) 사정도구

사정을 위한 도구는 개인과 가족 구성원이 가지고 있는 욕구와 자원에 대해 보다 객관적이고 효율적으로 판단할 수 있도록 고안된 측정도구이다. 사정도구의 활용은 클라이언트에 대한 개입의 수준을 결정하는 것이 아니라 객관적인 기준에 의해 판단하고 서비스 제공 및 개입의 근거를 확보하기 위해 사용된다(현외성 외, 2012). 사정도구로 가계도, 생태도, 생활력 도표, 강점 사정, 자원 사정, 장애물 사정, (종합)사회복지관의 사정도구틀, 보건복지부의 희망복지지원단 통합사례관리의 욕구사정 등을 살펴볼 수 있다.

(1) 가계도

가계도는 보웬(Bowen)의 이론에 근거한 사정도구로 클라이언트와 그 가족에 대한 정보를 얻기 위해 보통 2세대 또는 3세대에 걸친 가족 관계를 도식화한다. 가계도의 특징은 ① 가족 내 역동이나 여러 세대에 걸쳐 반복되는 가족역할, 유형, 관계 등을 알아볼 수 있고, ② 가족 내에서 반복되는 정서적·행동적 패턴을 확인하고 이해할 수 있으며, ③ 계부모가족에 개입할 때, 과거의 결혼관계, 한부모의 가족부양 기간, 자녀들이 겪은 부모에 대한 상세한 정보를 알 수 있다.

그 밖에 가계도에서 알 수 있는 정보는 ① 가족구성원에 대한 상세 정보(성별, 나이, 출생 및 사망 시기, 직업, 교육수준, 결혼관계, 동거, 병력, 종교 등), ② 인구집단, 사회계층, 종교와 같은 사회적 정보, ③ 각 구성원과의 관계(단절 또는 융합, 밀착 등), ④ 가족의 역할 유형 등을 파악할 수 있다.

가계도의 작성방법은 보통 클라이언트와 사례관리자가 같이 작성하며, 여성은 원(○)으로 남성은 네모(□)로 표시한다. 네모나 동그라미의 이중 테두리는 클라이언트를 의미하며, 가족 구성원이 사망하였다면 사망 연도, 사망 연령, 사망 원인을 기록하고, 가족구성원의 이름과 연령은 네모나 원 안에 표기한다. 가계도에서 사용하는 자세한 기호는 다음과 같다(이신영 외, 2012).

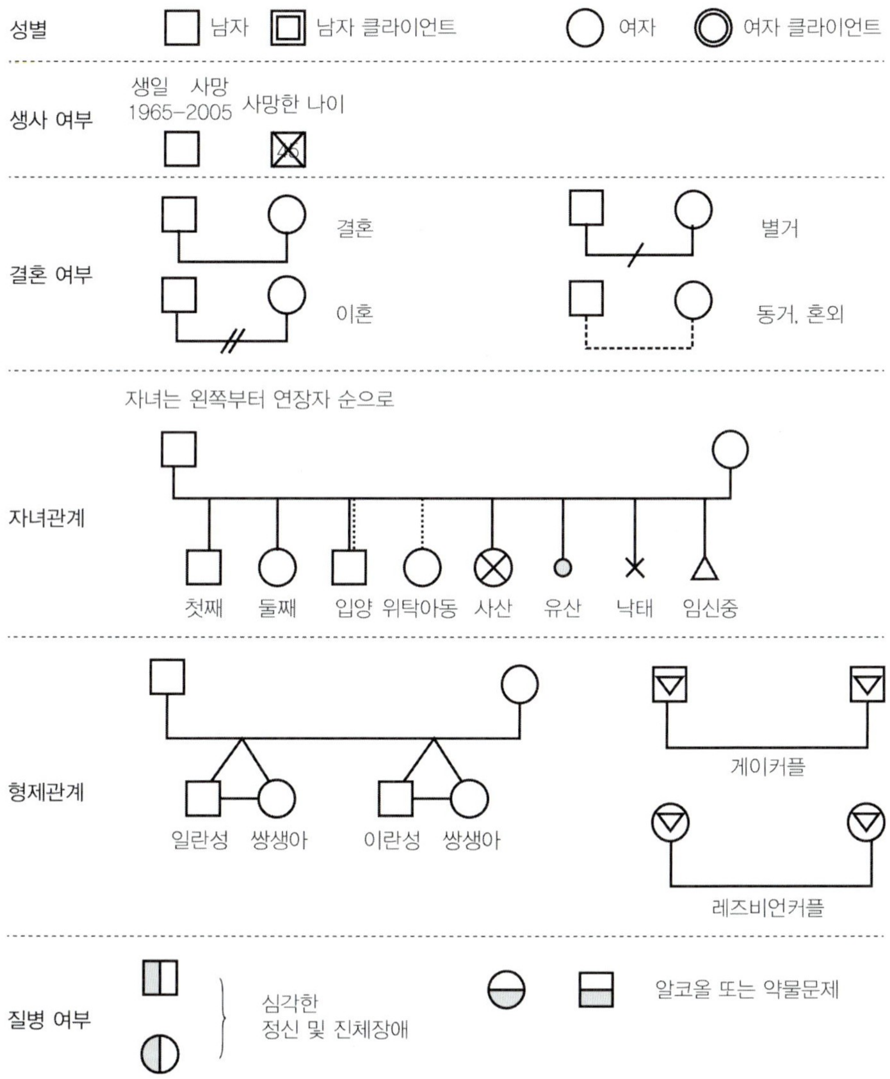
성별
남자
남자 클라이언트
여자
여자 클라이언트
생사 여부
생일 사망
1965–2005
사망한 나이
결혼 여부
결혼
별거
이혼
동거, 혼외
자녀는 왼쪽부터 연장자 순으로
자녀관계
첫째
둘째
입양
위탁아동
사산
유산
낙태
임신중
형제관계
일란성 쌍생아
이란성 쌍생아
게이커플
레즈비언커플
질병 여부
심각한
정신 및 진체장애
알코올 또는 약물문제

| 그림 8-1 | 가족관계 기호

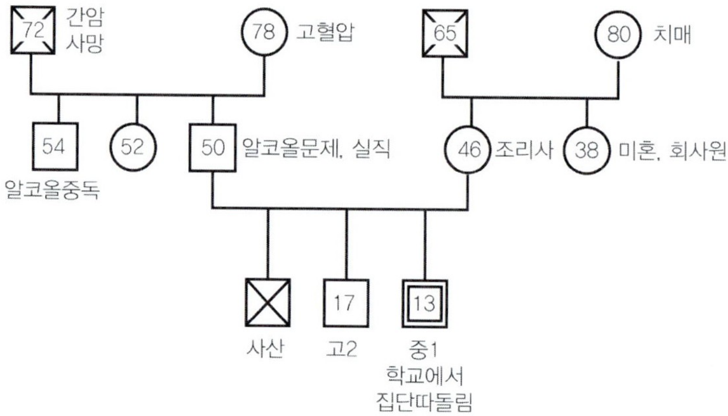

| 그림 8-2 | 가계도 작성 예

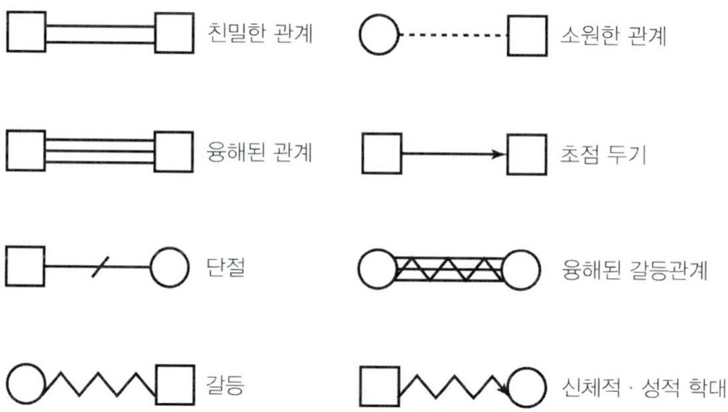

| 그림 8-3 | 가계도에서 관계를 나타내는 선 적용의 예

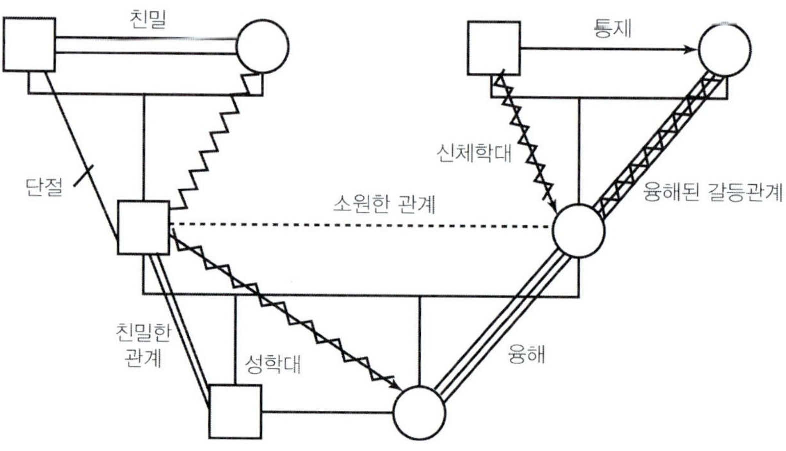

| 그림 8-4 | 가계도의 선 적용 예

(2) 생태도

생태도는 하트만(Hartman)이 1975년 고안한 것으로 개인과 가족의 외부에 있는 환경적 요소들을 확인하여 체계화하는 사정도구이다.

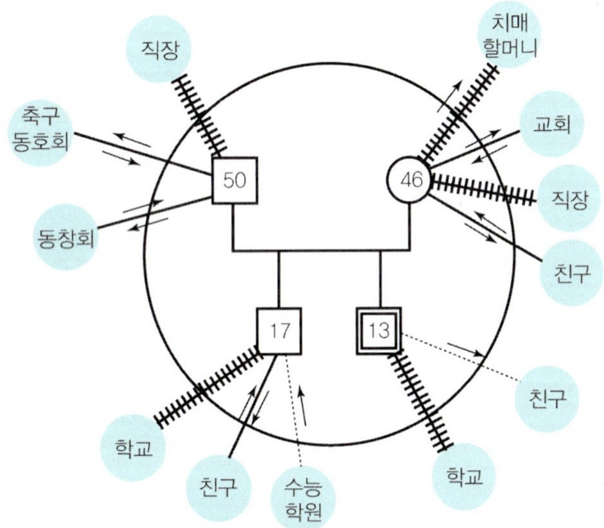

| 그림 8-5 | 생태도의 예

출처 : 이신영 외(2012).

생태도의 특징은 ① 클라이언트 및 그 가족과 관련된 사람, 환경 및 영향의 상호작용을 묘사하며, ② 클라이언트의 인식과 전문가의 권한 공유 차원에서 함께 작성하고, '환경 속의 인간'에 초점을 두어 클라이언트를 전체적 관점에서 이해할 수 있다는 장점이 있다. 그리고 클라이언트와 가족에게 유용한 환경 자원이 무엇인지, 혹은 스트레스 상황으로 작용하는 것은 무엇인지에 관한 많은 정보를 파악할 수 있다. 또한 생태도는 개입 초기에 가족을 사정하는 도구로 활용할 뿐 아니라 변화를 확인하는 도구로 시간의 흐름에 따라 반복적으로 사용할 수 있는데, 이를 연속생태도라고 한다.

생태도의 기능은 ① 가족생활 및 가족이 집단, 단체, 조직, 다른 가족, 개인들과 맺는 관계의 본질에 대하여 전체적인 시각 또는 생태학적 시각을 가지도록 돕고, ② 결혼 및 가족 상담, 입양과 위탁가정 연구 등의 다양한 상황에도 활용 가능하며, 클라이언트와 실천가 모두에게 통찰력을 갖고 긍정적인 변화를 더 잘 모색하게 한다.

(3) 생활력 도표

생활력 도표는 다양한 시기에 클라이언트와 관련된 자료를 조직화하고 표현하는 방법이며, 문제행동의 원인에 대한 가설을 세우고 서비스의 초점을 정하는 데 도움을 준다(이신영 외, 2012). 생활력 도표의 특징은 ① 특정 발달단계의 생활경험을 이해하는 데 도움을 주며, ② 아동과 청소년 대상의 활동에서 유용하게 사용할 수 있으며, ③ 가족의 다양한 시기의 자료를 조직화하여 표현하는 것이 가능하며, ④ 가족구성원의 삶의 중요한 사건을 시계열적으로 나열하며, ⑤ 생태도나 가계도처럼 원이나 화살표 등의 기호를 사용하지 않고 표를 제시한다.

〈표 8-4〉 생활력 도표의 예

연도	연령	지역	가족	학교	건강	활동	문제
2000	2000. 3. 25. 출생	경기도 고양	어머니 21 외조모 50 외조부 54		8개월 조산아		인큐베이터 3주간
2001	1				심한 아토피		
2002	2						
2003	3	경기도 수원	어머니 취업	어린이집	수두 2일 입원		분리불안 심함
2004	4			〃	천식 3일 입원		
2005	5		외조부 사망	〃	폐렴 4일 입원		
2006	6	경기도 양평	어머니 전근	〃			외톨이임
2007	7		어머니 재혼해서 떠남	초1			학교 싫어하고 자주 아픔
2008	8			초2			학교에서 자주 싸움
2009	9			초3			학업성적 떨어짐
2010	10	경기도 수원	외조모 병환	초4 성적부진	복통 자주 호소		
2011	11		이모네와 합침	초5 전학	천식, 재발	축구	할머니와 자주 다툼

2012	12		어머니 재혼 사실 알게 됨	초6 무단결석			흡연
2013	13			중1 성적부진		금연학교	흡연, 음주
2014	14			중2 폭력	팔 골절	불량서클 가입	학교에서 패싸움 가담
2015	15		생모 찾아가나 박대받음	중3 무단결석			가출
2016	16			고1 학업성적 저하			비행서클 가입

출처 : 엄명룡 외(2016).

(4) 강점 사정

사정단계에서 개인 및 가족의 강점 사정은 필수적이다. 강점이란 클라이언트가 갖고 있는 능력, 용기, 의지, 역량, 가능성, 가치, 통합성 등 긍정적인 요소를 의미한다(박미은, 2020 : 153).

강점 사정은 사회복지실천의 초점을 문제에 두지 않고 사람들의 재능과 강점, 능력에 두는 것으로 인간 능력의 긍정적인 면을 강조하는 것이다. 사례관리에서 강점 사정은 클라이언트의 변화에 있어 전문가의 지식과 기술에 절대적으로 의존하는 것이 아니라 개인 자신의 변화를 만들어 낼 수 있다는 인식하에 클라이언트의 강점을 발견하고 육성하는 것을 강조한다(이채식 외, 2020 : 123-124).

강점 사정을 위해서는 모든 개인에게 강점이 존재한다는 사실과 작은 부분들도 강점이 될 수 있다는 것을 전제한다. 따라서 사례관리자는 클라이언트의 신체적·인지적·심리적·행동적·사회적·경제적 기능을 사정하면서 클라이언트의 잠재능력, 장점, 발전 가능성, 문제해결 능력 등과 같은 능력을 함께 확인한다. 즉, 클라이언트가 더 잘할 수 있는 일, 희망하는 행동, 상황의 지속을 촉진하는 것 등을 파악하는 것이다(이채식 외, 2020 : 124).

강점 사정의 영역은 박미은(2020 : 155)에 따르면 다음과 같다.

〈표 8-5〉 강점 사정의 영역

개인 내부의 강점	가족의 강점
• 순발력, 융통성, 인내심, 이해력 • 자발성, 집중력, 책임감, 자존감 • 대처기제, 정서조절, 자기통제력 • 낙관적 사고 및 긍정적 사고 • 신체적 외모 • 자기인식 • 삶에 대한 애착과 생존력 • 일상생활수행 능력 • 교육 수준 등	• 가족구성원의 좋은 성격적 특성 • 가족과 클라이언트의 우호적 관계 • 정서적 지지 정도(애정, 관심, 수용) • 경제적, 물질적 지지 정도 • 의존과 독립의 균형적 가족관계 • 가족 간 긍정적 의사소통/ 충분한 대화 • 책임 있는 자녀양육 • 원만한 부부관계 등
대인관계 및 직업 관련 강점	
• 친구 및 중요한 타인과의 긍정적 관계 • 대인관계에서 의사소통, 자기주장 능력 • 갈등처리 능력, 협력과 화합의 능력 • 신뢰관계 형성 능력 • 봉사와 나눔 • 종교 활동, 취미, 여가생활 • 리더십 등	• 직장 경력, 구직의 경력 • 일에 대한 동기나 직업훈련 • 자격증 소지 • 기타 의미 있는 사회생활 경험 • 수입(근로소득)이나 후원금 • 제도적 지원(수급자 등) 등

출처 : 박미은(2020), p. 155.

(5) 자원 사정

자원은 클라이언트의 생활상 욕구를 충족시키기 위해 필요한 것으로 클라이언트의 내적·외적 자원과 욕구충족을 위해 필요한 비공식적 자원과 사회적 기관 혹은 조직 자원 등 모두를 포함한다(이채식 외, 2020 : 125). 또한 자원은 소재에 따라 내적자원과 외적자원으로 구분하고, 외적자원은 제공 주체의 성격에 따라 공식적 자원과 비공식적 자원으로 구분한다(Ballew & Mink, 1996, 최은정 외, 2020 : 126 재인용). 내적자원은 클라이언트 개인과 가족이 지닌 강점과 자원을 의미한다. 외적자원은 클라이언트와 가족 외부에 존재하는 공식적 자원과 비공식적 자원이 있다. 공식적 자원은 다시 공적기관과 민간기관에 의해 제공되는 자원으로 구분된다. 공적기관에 의한 자원은 공공기관의 공적급여(예 기초수급, 기초연금, 장애인연금 등)가 해당되며, 민간기관에 의한 자원은 지역사회복지기관들에서 제공하는 다양한 서비스가 해당된다. 비공식적 자원은 친척, 이웃, 친구, 자원봉사자 등이 해당한다(최은정 외, 2020 : 126).

〈표 8-6〉 자원의 유형

내적 자원		외적 자원		
개인	가족	공식적 자원		비공식적 지원
		공적기관	민간기관	

출처 : 최은정 외(2020), p. 126.

자원 사정은 현재 개인과 그 가족이 활용하고 있는 것, 활용할 수 있는 것, 앞으로 필요한 자원 등을 파악하는 것으로 사례관리자는 클라이언트의 자원체계를 사정한다(이채식 외, 2020 : 125).

대부분의 클라이언트는 자신의 문제해결을 위한 자원을 갖지 못했거나 자원에 대한 접근성이 낮은 경우가 많다. 따라서 사례관리 개입과정은 클라이언트의 욕구 충족을 위해 필요 자원을 연결하고 조정하는 일에 집중된다. 결과적으로 사례관리를 통한 개입 효과는 개입 전과 비교하여 클라이언트가 이용할 수 있는 지역사회 자원의 양과 수준이 확대됨으로써 나타난다.

사례관리의 성공 여부는 자원을 어떻게 활용할 것인가와 밀접한 관련이 있기 때문에, 사정단계에서 현재 클라이언트가 활용하고 있는 것, 활용할 수 있는 것, 그리고 앞으로 꼭 필요한 자원이 무엇인지를 파악하는 것은 매우 중요하다(박미은, 2020 : 152).

(6) 장애물 사정

장애물은 클라이언트의 문제해결 과정에 방해가 되는 것들을 총칭한다. 장애물은 사례관리자가 클라이언트를 온전히 이해하고 돕는 데 방해가 되며, 클라이언트에게는 실천계획을 통해 얻을 수 있는 혜택들을 갖지 못하게 방해한다(최은정 외, 2020 : 128). 장애물은 내부 장애물과 외부 장애물 두 가지로 분류되며(권진숙 외, 2009), 내부 장애물은 문제해결에 부정적으로 작용하는 심리적·정서적 상태로 클라이언트의 무기력, 무동기, 비관적 태도, 의존성 등이 될 수 있다. 외부장애물은 클라이언트가 필요한 자원을 얻는 데 있어서의 어려움으로 자원의 발견 혹은 고갈, 연계의 방해 등을 의미한다(이채식 외, 2020 : 126).

한편 김상곤 외(2016 : 30)는 장애물의 예로 ① 이동의 부자유나 교통편의 부족으로 인한 접근성 결여, ② 사회 지지체계에 대한 부정적 이미지로 인한 자원 이용의 거부, ③ 낙인의식, 두려움, 동기 부족 등과 같은 심리적, 사회적인 문제, ④ 신체적, 인지적, 정서적 능력의 부족으로 인한 자원 이용의 불가능, ⑤ 사회 지지체계의 결여, ⑥ 자원의 부족, ⑦ 사회 지지체계에 대한 정보 부족, ⑧ 비공식적, 사회적 지지체계의 태만과 책임성 결여, ⑨ 가족구성원의 과중한 부담 등을 들고 있다.

장애물 사정에서 사례관리자의 역할은 클라이언트가 내부 장애물에 도전하고 변화를 끌어내는 역량을 키우는 것이다. 이를 위해 사례관리자는 의도적이고 계획적인 개별상담을 통해 클라이언트의 무력감과 현실에 안주하려는 마음을 변화시켜야 한다. 어려운 상황에 공감하면서도 변화의 동기를 강화하고, 조금씩 자활의 길로 나아가도록 지지하고 격려하는 등 지원자, 촉진자, 상담자의 역할을 수행해야 한다(박미은, 2020 : 156). 또한 외적 환경으로 인하여 장애를 느끼는 클라이언트에게는 클라이언트의 외부 장애물을 잘 파악하여 서비스계획 수립과 실행 과정을 통하여 자원의 개발자, 중개자 등의 역할을 수행한다.

(7) (종합)사회복지관의 사정도구틀(서울시복지재단, 2009)

사회복지관의 사정도구틀은 클라이언트를 복지관의 관리 대상자로 결정할 것인지와 복지관 관리 대상자로 한다면 어떤 수준으로 개입할 것인지를 결정하는 것에 대해 객관성을 확보하기 위해 사용한다.

사정도구틀의 평가 영역은 ① 경제적 영역, ② 의료 및 건강 영역, ③ 심리·사회적 영역, ④ 사회복지사의 평가 등 4개 영역으로 구분하고 각 영역별로 동일한 가중치를 부여한다. 각 영역별 총점은 40점으로 동일하게 배정하여 총 160점으로 한다.

① 경제적 영역

경제 영역에서의 사정도구에 포함될 내용은 수입, 지출, 주거형태, 부채, 법정기준 등 5개 항목으로 구분하고 총 40점이며, 수입, 지출, 주거형태는 각각 10점이며, 부채와 법정기준은 수입과 지출에 간접적으로 계상되기 때문에 각각 배점은 5점이다.

② 의료 및 건강 영역

의료 및 건강 영역에서의 사정도구에 포함될 내용은 장애유무, 질병정도, 일상생활능력(ADL) 등 3개 항목으로 구분하고 총 40점이며, 특히 질병의 정도가 클라이언트에게 가장 많은 영향을 끼친다는 것을 고려하여 20점을 배정하고 다른 항목은 각 10점을 배정한다.

③ 심리・사회적 영역

심리・사회적 영역에서의 사정도구에 포함될 내용은 생활상태, 사회관계망, 지지체계, 심리・정서 상태 등 4개 항목을 구분하고 총 40점을 배정한다.

④ 사회복지사의 평가

사회복지사의 평가는 위의 사정도구 틀에서 점검하지 못하거나 누락된 내용, 클라이언트의 주변 환경 및 변수 등 클라이언트의 상황을 종합 검토하여 배점하도록 하여 사정도구들의 부족한 부분을 보완한다.

〈표 8-7〉 (종합)사회복지관의 사정도구틀

사정도구틀

대 상 자 명 :
일 시 :
담당사회복지사 :

담당	과장	부장	관장

영역	내용	평가기준	배점기준	평가	비고
경제상황(40)	수입(10)	최저생계비 기준 이하	10		
		최저생계비 120% 이하	8		
		최저생계비 150% 이하	6		
	지출(10)	수입의 90% 이상	10		
		수입의 80% 이상	8		
		수입의 70% 이상	6		
	주거형태(10)	가건물(비닐하우스 등)	10		
		월세	8		
		무료임대	6		
		전세	4		

		자가	0		
	부채(5)	재산의 30% 이상	5		
		재산의 30% 이하	2		
	법정기준(5)	의료보호 1종	5		
		의료보호 2종	4		
		조건부, 특례	3		
		저소득	2		
의료 및 건강(40)	장애유무(10)	중한 경우	10		
		경한 경우	8		
	질병정도(20)	만성질환(평생)	20		
		장기 치료가 필요한 질병	16		
		단기 치료가 가능한 질병	12		
	ADL(10)	하	10		
		중	5		
		상	0		
심리 · 사회영역(40)	생활상태(10)	독거	10		
		보호가 필요한 동거가족	8		
		동거가족	0		
	사회관계망(10)	전혀 없음	10		
		비공식지원체계	6		
		공식지원체계	4		
		공식+비공식체계	0		
	지지체계(10)	없음	10		
		있음 - 비정기	5		
		있음 - 정기	0		
	심리 · 정서 상태(10)	매우 불안	10		
		불안	5		
		안정	0		
사회복지사의 평가(40)		종합검토	0~40		
총점					
판정결과					
기타의견					

○○(종합)사회복지관

출처 : 서울시사회복지재단(2020), p. 210.

(8) 보건복지부의 희망복지지원단 통합사례관리의 욕구사정

보건복지부 희망복지지원단에서 실시하고 있는 통합사례관리의 욕구사성은 통합사례관리가 필요한 가구를 대상으로 욕구 영역별 현상 및 원인을 파악하여 그 결과에 따라 사례관리 가구와 서비스 연계 가구로 구분 선정하기 위한 심층조사를 실시하고 있다. 욕구사정은 사회보장정보시스템(행복e음)에 의한 통합사례관리 사업 요청일로부터 10일 내외의 기간 중에 실시한다(보건복지부, 2020 : 29).

욕구 사정은 초기상담 내용을 확인한 후 욕구영역별(안전, 건강, 일상생활유지, 가족관계, 사회적 관계, 경제, 교육, 직업, 생활환경, 법률 및 권익보장) 확인이 필요한 사항을 정리하고 상담 질문을 사전에 준비한다. 각 욕구 영역별 점검항목은 다음과 같다(보건복지부, 2020 : 29-30).

① 안전 영역

- 가족 구성원, 비동거 가족, 이웃, 친구, 사회(학교, 직장)로부터 안전을 위협받고 있는가?
- 대상자가 타인의 안전을 위협하고 있는가?
- 응급 시 도움을 요청할 체계가 있는가?

〈표 8-8〉 안전 영역 강점 관점 질문의 예

• 가족 구성원으로부터의 위협에 대처하기 위해 어떠한 것들을 시도하였는가? • 가족 외부적 요인으로부터의 위협을 극복하기 위해서 무엇을 하였는가? • 이들 중 도움이 되었던 것들은 어떤 것이었나? • 어떤 경우에 안전하다고 생각하는가? • 자녀를 어떻게 안전하게 보호하는가?

출처 : 보건복지부(2020), p. 30 재구성.

② 건강 영역

- 본인이나 동거가족 중 신체적 질환 혹은 정신적 질환(중독, 우울, 조현증 등)으로 약물관리를 하는 자가 있는가?
- 신체적 질환 또는 정신적 질환으로 일상생활, 사회생활 등에 어려움이 있는가?

- 본인이나 동거가족 중 지난 6개월 동안 자살을 시도한 적이 있는가?

〈표 8-9〉 건강 영역 강점 관점 질문의 예

- 어떤 경우에 본인이 신체적·정신적으로 건강하다고 생각하는가?
- 신체적으로 가장 잘할 수 있는 것은 무엇인가?
- 무엇이 자신을 신체적으로나 정신적으로 건강하게 만든다고 생각하는가?
- 현재까지 이 정도의 건강을 유지하는 비결은 무엇이라고 생각하는가?
- 몸이 또는 마음이 아플 때 누구에게 연락하는가?

출처 : 보건복지부(2020), p. 30 재구성.

③ 일상생활유지 영역

- 본인이나 동거가족이 일상생활(식사, 용변처리, 옷 입기, 세탁, 몸 씻기, 청소, 정리정돈, 수면, 그 외 가사활동)에 어려움이 있는가?
- 외출 시 이동이 어려운가?

〈표 8-10〉 일상생활유지 영역 강점 관점 질문의 예

- 어떻게 모든 일상생활(의식주 관련, 가사 등)을 처리하고 있는가?
- 어떤 지원을 받고 있는가?
- 휴가나 여가시간에 주로 무엇을 하는가?
- 얼마나 자주, 어디서, 누구와 이것을 하는가?
- 특별히 좋아하는 활동은 무엇인가?
- 어떤 경우에 여가나 휴가를 잘 보냈다고 생각하는가? 그때는 무엇이 달랐는가?

출처 : 보건복지부(2020), p. 30 재구성.

④ 가족관계 영역

- 동거 혹은 비동거 가족구성원 간 갈등이나 단절된 상황인가?
- 영유아, 아동, 노인, 장애인 등을 양육하거나 돌보는 데 어려움이 있는가?

〈표 8-11〉 가족관계 영역 강점 관점 질문의 예

- 도움이 필요할 때 가족 중 누가 가장 많은 의지가 되고 도움을 주는가?
- 가족 중 주로 누구와, 무엇을 하며 시간을 보내는가?
- 가족 중에서 누가 가장 당신을 걱정하고 있다고 생각하는가?

출처 : 보건복지부(2020), p. 31 재구성.

⑤ 사회적 관계 영역

- 도움을 받을 만한 친인척, 이웃, 동료관계, 단체나 기관이 있는가?
- 본인이나 동거가족이 방에서 거의 나오지 않으면서 외부와 관계가 단절된 상황인가?
- 본인이나 동거가족이 이웃과 갈등을 유발하고 있는가?

〈표 8-12〉 사회적 관계 영역 강점 관점 질문의 예

- 삶에서 가장 중요한 사람은 누구인가?
- 도움이 필요할 때 누가 가장 많은 의지가 되고 도움을 주는가?
- 이웃, 지역사회기관, 종교기관 등으로부터 어떤 지지를 받고 있는가?
- 과거에 이웃, 지역사회기관, 종교기관 등으로부터 어떤 지지를 받았는가?
- 누구와 주로 시간을 보내는가?
- 잘 지내는 친구나 이웃은 누구인가?
- 누가 가장 당신을 걱정하고 있다고 생각하는가?
- 현재 참여하고 있는 모임은 무엇인가?

출처 : 보건복지부(2020), p. 31 재구성.

⑥ 경제 영역

- 돈이 없어서 기초생활(의식주, 교육비, 의료비, 집세, 퇴거위험, 난방, 공과금 등)에 어려움이 있는가?
- 금전관리(수입과 지출)나 빚 때문에 어려움이 있는가?

〈표 8-13〉 경제 영역 강점 관점 질문의 예

- 어려운 형편에 어떻게 지금까지 유지를 잘 해왔는가? 현재 가족 혹은 정부로부터 어떤 도움을 받고 있는가?
- 어떻게 관리를 해오고 있는가?
- 가족원 중에 누가 어떤 일을 하는가?
- 돈이 있다면 무엇을 가장 먼저 구매하겠는가?
- 당신을 위해 어떤 보상을 줄 것인가?
- 과거에 세금 같은 것을 어떻게 지불했는가?

출처 : 보건복지부(2020), p. 31 재구성.

⑦ 교육 영역

- 본인이나 자녀가 기초학습능력(읽기, 쓰기, 말하기, 듣기, 타인 이해하기, 계산하기 등)이 부족하여 사회생활이 어려운가?

- 본인이나 자녀가 학교생활이나 학업유지에 어려움이 있는가?

〈표 8-14〉 교육 영역 강점 관점 질문의 예

- 어떤 과목을 좋아했는가?
- 이것만은 최고라고 자부할 수 있는 본인의 기술·특기는 무엇인가?
- 교육 관련 정보를 어느 정도 확보하고 있는가?
- 아이가 어린이집이나 유치원, 기타 또래그룹에 참여하고 있는가? 어떻게 상호작용하는가?
- 누가 아이와 함께 놀아주고 책을 읽어주는가?

출처 : 보건복지부(2020), p. 31 재구성.

⑧ 직업 영역

- 본인이나 동거가족이 근로능력, 가족돌봄, 자녀양육, 일자리 발굴, 대인관계기술, 신용, 신체 및 정신건강 등에 어려움이 있어서 일하기 어려운가?

〈표 8-15〉 직업 영역 강점 관점 질문의 예

- 어떤 직업들을 가져보았는가?
- 현재 직장생활을 잘하고 있는 것은 무엇 때문이라고 생각하는가?
- 직장과 관련해서 무엇을 가장 좋아하는가?
- 일하는 동안 어떤 영역에서 최선을 다하는가?

출처 : 보건복지부(2020), p. 31 재구성.

⑨ 생활환경 영역

- 주거나 주거환경이 본인이나 가족의 안전과 건강에 해를 끼치는가?
- 주거환경 문제로 본인이나 동거가족이 이웃과 갈등을 유발하고 있는가?

〈표 8-16〉 생활환경 영역 강점 관점 질문의 예

- 자신이 살고 있는 곳·지역사회의 어떤 점이 좋은가?
- 다른 사람들은 현재 거주하고 있는 곳·지역사회에 사는 것이 어떤 면에서 좋다고 이야기 할 것 같은가?
- 이동 시 누구의, 어떤 도움을 받는가?

출처 : 보건복지부(2020), p. 32 재구성.

⑩ 법률 및 권익보장

- 본인이나 동거가족이 법적 문제로 일상생활이나 사회생활에 어려움이 있는가?
- 본인이나 동거가족이 차별대우나 불이익을 받고 있는가?

〈표 8-17〉 법률 및 권익보장 영역 강점 관점 질문의 예

• 현재 법적인 문제와 관련하여 누구에게 어떤 기관의 자문을 받고 있는가? • 어떻게 대처하고 있는가?

출처 : 보건복지부(2020), p. 32 재구성.

3. 사례회의

사례회의(care-conference)에서는 클라이언트와 관련된 자료와 사정도구를 활용하여 객관성과 공정성을 확보하고 서비스 및 개입의 수준을 최종 결정한다.

사례회의는 사정단계에서 최종적으로 보호서비스 및 개입내용을 결정하는 과정이다. 사례회의는 사정의 객관성 및 형평성을 확보하기 위해 담당 사회복지사, 팀원 및 관련 사회복지사, 슈퍼바이저가 모두 참석하여 담당 사회복지사가 작성한 사정자료(intake sheet, 보호계획)를 토대로 해결되어야 할 문제와 보호의 목적을 확인하고 결정한다.

사례회의는 팀 접근(team-approach)의 방식으로 클라이언트와 관련한 사회복지사, 의사, 간호사, 심리학자 등이 참여하는 것을 제시하고 있으나, 사례관리기관의 현실적인 인적구성을 감안할 때 담당 사회복지사, 팀원 및 관련 사회복지사, 슈퍼바이저 등이 참여하는 것이 일반적이다.

사례회의에서 가장 고려되어야 할 것은 클라이언트의 문제, 욕구, 연결할 자원(기관의 보유자원 또는 연계가 가능한 자원) 등을 반영하여 개입의 정도를 결정하는 것이다. 사례회의는 해결되어야 할 클라이언트의 문제 및 보호의 목적을 명확히 하는 과정이며, 이들 욕구를 충족시킬 적절한 수단을 실제적으로 선택하는 과정은 계획이다.

사례회의 결과는 사례관리기관 내부 행정 자료로서 별도의 양식을 제시하지 않았으나 결과보고서에는 사례회의 내용, 회의결과, 조치사항 등이 포함되어야 하며, 내부결재를 받아 보관하는 것이 바람직하다.

〈표 8-18〉 사례회의 결과보고 양식사용 예시

제○○회 사례회의

- 참석자 : 총 5명(김○○ 부장, 장○○ 팀장, 김○○, 이○○, 정○○)
- 장 소 : 회의실
- 일 시 : 20○○년 ○○월 ○○일

<table>
<tr><th>관리번호</th><th>성명</th><th>연령</th><th>성별</th><th>욕구 및 문제</th><th>접근계획</th><th>회의내용</th><th>조치결과</th></tr>
<tr><td rowspan="4">재가-○○</td><td rowspan="4">김○○</td><td rowspan="4">17</td><td rowspan="4">남</td><td>클라이언트의 무기력</td><td>의료기관의 연계</td><td>지역정신보건센터와 연계하여 지역 내 신경정신과 병원 및 보건소 의료지원</td><td rowspan="4">사례회의 결과를 1주일 후에 클라이언트 모에게 전달하여 동의를 구하였으며, 서비스 동의서를 작성한 후 계획대로 서비스를 제공하기로 하였음.</td></tr>
<tr><td>동생의 컴퓨터 중독과 도벽</td><td>일대일 상담과 복지관 컴퓨터 활동을 통한 개입</td><td>주 1회 상담과 복지관 컴퓨터 교육실을 이용하도록 연결, 컴퓨터 후원받아 지원</td></tr>
<tr><td>클라이언트와 동생의 학업</td><td>상담과 집단활동을 통해 학업의 동기부여 후 학교연계</td><td>학업에 대한 동기부여를 위한 분기별 1회 사회적응 프로그램 진행과 주 1회 상담실시 및 대안학교 연결</td></tr>
<tr><td>조부모와의 갈등</td><td>관계개선을 위한 상담과 가족 프로그램 진행</td><td>가족상담과 가족행사 지원</td></tr>
</table>

출처 : 서울시사회복지재단(2009), p. 102.

09
CHAPTER

사례관리 실천과정 : 실행 및 평가단계

1. 서비스 개입계획
2. 실행단계와 점검
3. 평가 및 종결과정
4. 기 록

09 CHAPTER

사례관리 실천과정 : 실행 및 평가단계

학습목표

1. 클라이언트의 문제해결 과정에서 발생하는 어려움에 대한 대안을 마련할 수 있다.
2. 사례관리 초기에 수립된 계획과 실제적인 목표달성도를 비교할 수 있다.
3. 성과 및 목표달성 정도에 따라 사례회의를 통하여 사례의 종결을 결정할 수 있다.

1. 서비스 개입계획

개입계획은 사정에 근거하여 클라이언트의 욕구충족을 위한 목표를 수립하는 과정이며, 목표 달성을 위해 서비스를 구체화하는 과정이다(Holt, 2000). 그러므로 개입계획은 사정과 서비스 실행을 이어주는 중요한 역할을 하게 된다. 계획은 사례관리자의 전문적인 판단과 실천적 경험을 토대로 수립하며, 욕구 사정이 이루어진 후 특정한 서비스 목표를 세우게 된다. 목표는 명확하게 세우는 것이 중요한데, 목표가 명확할 때 행동전략이 분명해지며, 이후 효과 확인을 위한 평가도 가능해지기 때문이다.

개입계획은 클라이언트의 문제와 욕구의 우선순위, 자원, 클라이언트의 문제해결 의지, 환경 등을 고려하여 가능한 것을 중심으로 단계별로 목표가 성취되어 목적에 도달할 수 있도록 체계적으로 수립하여야 한다(양정남 외, 2009).

1) 목표설정

사례관리에서 목표는 개입과정의 방향을 제시해 주고 변화과정에 클라이언트를 적극적으로 참여하게 하는 수단이 되기도 한다. 따라서 목표는 명확하게 설정되어야 하며, 모호하거나 비현실적으로 설정되면 목표달성에 어려움을 겪게 되고, 그로 인해 클라이언트에게 좌절감을 안겨주기도 한다. 목표설정의 원칙은 다음과 같다(설진화, 2009).

① 목표는 클라이언트가 선택하고 동의한 것이어야 한다.

② 목표는 현실적이고 달성 가능한 것이어야 하며, 구체적이고 측정 가능한 형태로 기술되어야 한다.

③ 목표는 긍정적 상태로 기술되어야 한다.

④ 목표는 그것이 성취될 시간계획을 포함하고 있어야 한다.

⑤ 목표는 기관의 기능 및 목적과 일치하는 것이어야 한다.

〈표 9-1〉 사례관리 목표설정의 예

좋지 않은 목표	좋은 목표
• 외로움을 감소시키고 생활의욕을 향상하도록 한다. • 신체기능의 향상을 도모하여 혼자서 식사를 할 수 있도록 한다.	• 3개월 이내에 우울감을 30% 감소시킨다. • 3개월 이내에 삶의 희망수준을 현재보다 30% 향상시킨다. • 3개월 이내에 일상생활기능수준을 현재보다 5점 향상시킨다. • 3개월 이내에 하루 3끼 규칙적 식사를 하도록 한다.
• 목표를 언제까지 달성하려는지 시간계획이 없음 • 목표달성을 확인할 구체적 지표가 없음 • 목표달성 수준을 측정할 수 없음	• 목표달성 기간이 제시됨 • 목표달성을 확인할 구체적 지표가 있음 • 목표달성의 수준을 측정할 수 있음

출처 : 양정남 외(2009).

목표 달성에 소요되는 기간에 따라 장기목표와 단기목표로 구분한다. 일반적으로 단기목표는 3~6개월 이내에 달성이 가능한 목표를 의미하고, 장기목표는 6개월에서 1년 이상의 개입을 통해 긍정적인 변화를 도모할 수 있는 목표를 의미한다(최은정 외, 2020 : 131).

〈표 9-2〉 장기목표와 단기목표의 예

장기목표	단기목표
안정된 직업 갖기	• 1개월 이내에 관심 있는 직업 확인하기 • 2개월 이내에 직업기술교육기관에 등록하고 6개월 이상 유지하기 • 직업기관 수료 후 3개월 이내에 취업하기 • 취업 후 1년 이상 취업상태 유지하기
건강상태 회복하기	• 앞으로 6개월 동안 하루 3끼 규칙적으로 식사하기 • 앞으로 6개월 동안 매일 30분 이상 규칙적으로 운동하기 • 앞으로 6개월 동안 매일 체중을 측정해서 기록하기

출처 : 양정남 외(2009).

2) 개입계획의 수립

개입계획의 수립은 클라이언트의 문제와 욕구, 결과목표, 서비스 목표, 서비스 실행방법 등의 4부분으로 구분하여 제시하는 것이 바람직하다. 클라이언트의 문제 및 욕구는 사례회의를 통해 확인된 문제와 욕구를 기술하며, 결과목표는 사례관리서비스를 통해 궁극적으로 달성될 상태를 기술한다. 서비스 목표는 결과목표를 달성하기 위해 단계별로 달성해야 할 상태로 서비스와 연관되어 기술된다. 끝으로 서비스 실행방법은 목표달성을 위해 어떠한 서비스를 구체적으로 어떻게 제공할 것인지에 대해 기술한다.

사례관리 계획 수립의 기본 원칙은 다음과 같다(박미은, 2015).

① 사정 결과에 따라 연속성이 유지되는 계획을 세워야 한다.

② 클라이언트와 그 가족이 참여하여 함께 계획을 세우는 것이 바람직하다. 계획을 함께 세움으로써 클라이언트로 하여금 변화를 위한 동기를 부여하게 되고, 또한 실현 가능성도 높아진다.

③ 서비스 계획은 변경 가능성이 열려 있어야 한다. 보통 6개월 단위로 계획을 수립하며, 클라이언트의 욕구나 환경의 변화로 인해 계획 역시 변경될 수 있다.

④ 서비스 계획은 공식적인 서비스와 비공식적인 서비스를 모두 포함하여 사

회자원의 특성을 충분히 살린다.

⑤ 클라이언트의 자기부담(비용)을 고려하여 작성하고, 본인부담 가능성을 파악하여 부담금액에 대해 동의를 얻는다.

〈표 9-3〉 사례관리 개입계획 수립의 예

클라이언트의 문제 및 욕구	결과목표 (장기목표)	서비스 목표(단기목표)	서비스 실행방법
지난 3년간 실직상태로 안정적인 직업을 갖기 원함	안정된 직업 갖기	• 1개월 이내 관심있는 직업 확인하기 • 2개월 이내에 직업기술교육기관에 등록하고 6개월 이상 유지하기 • 직업기관 수료 후 3개월 이내에 취업하기 • 취업 후 1년 이상 취업상태 유지하기	• ○○상담소 담당자와 전화로 연락하여 직업적성검사 및 상담의뢰 • 지역 내 이용 가능한 직업기술교육기관 목록 및 이용 가능 서비스 정보를 수집하여 클라이언트에게 제공하고, 클라이언트가 선택하게 함 • 클라이언트가 다니는 직업기술교육기관 담당자와 연계하여 교육이수 상황 모니터링하기 • 취업알선기관 담당자와 연계하여 클라이언트가 취업 가능한 기관목록을 확인하고, 클라이언트에게 안내 • 클라이언트가 관심 있는 기관에 방문하여 클라이언트 옹호활동을 통한 취업 촉진 • 사례관리 기간 중 주 1회 지지적 면담 실시

2. 실행단계와 점검

사례관리의 실행단계란 이미 세워진 서비스 계획에 따라 서비스를 실행하는 과정을 말한다. 실행은 클라이언트 본인이나 클라이언트를 변화시키기 위해 고안된 프로그램을 전달하는 개입 과정이다(설진화, 2011). 사례관리의 실행은 직접적인 실천과 간접적인 실천으로 구분되며, 위의 두 가지 실천 방법을 정리하면 다음의 〈표 9-4〉와 같다.

〈표 9-4〉 사례관리 개입활동(실행)의 기능과 사례관리자의 역할

기 능	직접적인 실천	간접적인 실천
	상담, 치료, 교육, 안내, 방향제시 등	중개, 연결, 조정, 옹호, 관계망 만들기 등
주요 역할	상담자, 교육자, 위기개입자, 지원자 등	중개자, 연결자, 조정자, 옹호자, 점검자 등

출처 : 박미은(2015), p. 62.

1) 직접적 실천

직접적 실천은 클라이언트의 서비스 접근과 활용기술 및 능력을 고양시키려는 노력에 관계되는 것으로, 대표적인 경우는 클라이언트를 교육시키는 것, 클라이언트의 결정 및 행동을 격려·지지하는 것, 위기 상황에 적절히 개입하는 것, 클라이언트를 동기화하는 것 등을 들 수 있으며(서울시복지재단, 2009 : 5), 그 내용은 다음과 같다.

① 클라이언트에게 자기표현 기술을 가르치는 것

② 클라이언트에게 자기옹호의 기술을 가르치는 것

③ 클라이언트가 위기상황에 직면했을 때 이에 대처하는 방법을 가르치는 것

위와 같은 상황이 발생했을 때 사례관리자는 상담자, 치료자, 교육자, 안내자, 실행자, 정보제공자의 역할을 수행하며, 이때 필요한 구체적인 기술로는 의사소통기술, 각종 상담 및 치료기술 등 사회복지실천의 임상적인 기술을 활용한다.

2) 간접적 실천

간접적 실천은 클라이언트를 대신하여 체계의 변화를 유도하는 것으로, 클라이언트에게 필요한 자원체계를 연계 또는 서비스를 중개하는 것, 클라이언트를 대신하여 다양한 체계에 대해 클라이언트 욕구를 옹호하는 것 등이 주로 행해지는 실천 활동이며(서울시복지재단, 2009 : 5), 그 내용은 다음과 같다.

① 클라이언트와 다른 서비스 제공자를 연결하는 것

② 서비스 제공자를 중개하는 것

③ 연계된 서비스가 본래의 목적에 맞게 제공되고 있는지를 점검하고, 경우에 따라서는 어떠한 개선이나 변화를 이끌어 내기 위해 기관 간의 역할을 조정하는 것

④ 클라이언트의 욕구에 대한 책임이 보장될 수 있도록 클라이언트를 옹호하는 것

⑤ 사회적 관계망을 만들어서 사회적 지원이나 혜택을 증가시키는 것

이때 사례관리자는 중개자, 조정자, 옹호자, 사회적 관계망의 구성자 역할을 수행하며, 구체적인 기술로는 중개, 연결, 점검, 조정, 옹호와 같은 역할을 한다.

3) 점검과 재사정

(1) 점검

점검(monitoring)은 클라이언트에게 제공된 서비스를 조사하는 것이며, 서비스 실행 이후 변화에 대해 검토하고, 서비스 계획에 명시된 목표와 진행 정도를 추적하는 것이다. 서비스 점검은 주기적으로 실시하되 클라이언트의 신체적·정신적 상태, 프로그램의 목표, 사례관리자의 사례담당 건수 및 가용할 수 있는 자원의 정도에 따라 일정한 간격을 정하여 실시할 수 있다(Woodside & MeClam, 2006 : 219).

점검의 종류는 클라이언트에 대한 점검과 서비스 제공자 입장에서의 점검으로 구분할 수 있다. 먼저 클라이언트에 대한 점검은 ① 클라이언트에 대한 서비스의 적절성에 대한 점검, ② 클라이언트의 변화내용과 변화 가능성에 대한 점검, ③ 클라이언트의 변화상황이나 새로운 요구에 대한 부분에서 점검을 하는 것이 필요하다.

두 번째로 서비스 제공자 입장에서의 점검내용은 ① 서비스는 계획한 대로 수행되고 있는가, ② 서비스가 지속적으로 제공되고 있는가, ③ 제공되는 서비스가 클라이언트의 욕구해결을 위해 필요한가, ④ 서비스 제공자와 클라이언트의 관계는 원만한가 등에 대한 점검이 이루어져야 한다.

위의 내용을 기초로 서비스 점검표를 작성하는데, 계획된 서비스와 실행내용을 기록하고 서비스 성취 정도를 4점 척도로 기록한다(5점 척도를 사용하여도 무방하다). 사회복지사 개인이 척도를 통해 평가를 할 경우 주관적으로 점수를 줄 수 있어 사회복지사 개인의 의견을 기록함으로써 동료 사회복지사들과 최대한 객관적 점검이 될 수 있도록 한다(서울시복지재단, 2020 : 148).

〈표 9-5〉 서비스점검표 - 서비스 이행 및 목표성취 정도 양식사용 예시

계획목표	서비스 실행 내용	서비스 이행 및 목표성취 정도	사회복지사 의견
클라이언트의 무기력	병원연결 보건소 연결	1 2 3 ■	약을 바꾸고 조절하여 우울증과 무기력증이 호전되었고, 보건소(정신장애인을 위한 프로그램)에 주 2회 참여하면서 삶에 활기를 보여주고 있다.
동생의 컴퓨터 중독과 도벽	컴퓨터실 이용	1 2 ■ 4	컴퓨터실 이용을 통하여 PC방보다는 복지관을 이용하는 횟수가 증가하였으나 PC방의 컴퓨터보다 사양이 낮아 점차 컴퓨터실 이용이 감소하였다.
	상담과 가정방문	1 2 3 ■	도벽의 원인을 파악하게 되었고 도벽의 횟수를 감소시키기 위해 상담 및 가정방문을 실시하였다.
클라이언트와 동생의 학업	상담과 사회적응 프로그램	1 ■ 3 4	무기력하여 집에만 있던 클라이언트가 주 1회 외부로 나와 상담도 하고 사회적응 프로그램을 통해 무기력증에서 벗어날 수 있었고, 주 1회 세면과 양치질이 이루어졌다. 그러나 학업에 대한 연계는 클라이언트의 경우 1회에 그쳤고, 동생은 컴퓨터 사용에 대한 감소가 이루어지지 않은 상태로 개입하지 못했다.
조부모와의 갈등	상담, 가정방문	■ 2 3 4	모와 조부모와의 상담을 통해 서로의 입장을 이해할 수 있도록 도왔으나 큰 변화는 없었다.
기타	후원금품 지원	1 2 ■ 4	2009년 10월 공동모금회 생계지원비를 신청하여 지원하였고, 한국정보문화진흥원 사랑의 PC나누기 대상자로 선정하여 컴퓨터를 지원하였다.

출처 : 서울시복지재단(2009), p. 148.

(2) 재사정

점검을 통하여 클라이언트의 욕구에 변화가 보일 경우 재사정한다. 모든 사례가 재사정 단계를 밟는 것은 아니고, 점검과정에서 클라이언트의 상황과 욕구에 큰 변화가 와서 개입 수준이나 개입의 내용을 변경해야 할 경우 재사정을 하게 된다. 재사정단계에서는 최초의 계획과정에 참여했던 모든 사람들이 관여하며, 재사정의 범위는 클라이언트 욕구의 복잡성과 투입되는 자원의 수준에 따라서 다르게 정해지고 재사정의 빈도는 욕구가 변화된 정도에 좌우된다.

이 단계는 일반적으로 사례계획의 목표달성 여부, 성공과 실패의 원인분석, 제공된 서비스의 질과 비용평가, 개인능력의 대처능력 증대에 따른 원조를 받을 자격 여부, 욕구달성 정도에 따른 목표의 수정, 서비스의 양과 형태 등 욕구사항에 대한 제규정, 비용 재계산, 서비스의 결합 혹은 미충족된 욕구에 대한 서비스 계획의 질적 보증, 재평가 날짜 설정 등의 내용에 관한 재사정 보고서가 작성되고(SSI, 1991, 서울시복지재단, 2009 : 53 재인용), 그에 따라 사례관리의 수준이나 서비스 내용과 질의 변화 등을 적시하여 보호 계획을 다시 세우도록 하고 있다. 대부분의 사례들은 정규적인 평가를 통해 서비스가 유지되거나 종결하게 된다(서울시복지재단, 2009 : 53).

3. 평가 및 종결과정

1) 평 가

평가는 사례관리 과정을 통해 달성된 목표와 클라이언트의 변화, 그리고 제공된 서비스의 효과성과 효율성을 판단하여 종결에 이르게 하는 중요한 과정의 하나이다. 평가에서 서비스에 대한 효율성과 효과성을 판단하는 것도 중요하지만, 사회복지실천에 관련되는 개인・가족・집단의 삶과 관련되는 지역사회의 다양한 자원체계들과 조직체들이 사회구성원을 위해 인간적으로 운영되는지, 자원

제공이 효과적인지, 또 그러한 사회적 서비스와 관련되는 제도와 정책이 정의롭게 수행되는지 등도 평가에 포함된다(이신영 외, 2012).

그렇지만 이런 중요성에도 불구하고 사례관리의 평가는 여러 가지 제한을 받을 수밖에 없다. 사례관리 평가의 제한점(양정남 외, 2009)은 첫째, 사례관리자가 동시에 다양한 과제를 수행하고, 담당하는 사례 건수 또한 적지 않다. 둘째, 사례관리의 다양한 서비스에 객관적으로 측정할 수 있는 지표를 찾는 것 또한 쉽지 않다. 셋째, 많은 사례관리가 결과를 평가하기보다는 과정을 중요시하기 때문에 서비스의 과정을 효율적으로 평가하는 것은 한계가 있다. 그럼에도 사례관리 서비스는 평가되어야 하며, 이런 결과들이 누적되어 보다 체계적이고 효율적인 서비스의 정착을 위해 기여하게 될 것이다.

사례관리의 평가는 구조평가, 과정평가, 결과평가의 세 가지 유형으로 이루어진다(현외성 외, 2012).

(1) 구조평가

구조평가는 사례관리기관의 체계 및 기관의 역량에 대한 평가로 클라이언트를 보호하기 위해 서비스를 체계화하고 조직화하는 능력을 말한다. 구조에 포함되는 요소로는 사례관리에 동원되는 자원은 물론 사례관리를 제공하고 있는 기관의 신뢰도와 역량, 사례관리자와 클라이언트의 적절한 비율 정도 그리고 행정적인 지원 등도 포함될 수 있다(권지숙 외, 2009). 사례관리 서비스의 질(quality)을 결정하는 중요한 요소로는 제공 가능 자원, 서비스 제공자의 전문성・자격・교육 정도・슈퍼비전, 전문가로서의 훈련 수준・기능수행 능력 등이 포함된다. 이런 요소들이 사례관리 서비스를 하는 데 적절한지, 혹은 부족함이 없는지를 평가하는 것이다.

(2) 과정평가

과정평가는 사례관리의 과정이 클라이언트에게 도움이 되었는지, 클라이언트가 서비스과정을 어떻게 인지했는지에 대해 평가하는 것이다. 또한 사례관리서비스가 실천의 지침에 근거하여 진행되었는지를 확인하고, 서비스 전달의 질·시간·적절성을 평가해야 한다. 그리고 서비스 과정에서 서비스의 진전을 돕거나 방해했던 기술이나 사건에 대해 클라이언트로부터 피드백을 받음으로써 어떤 기술이 더 강화되어야 하는지 혹은 어떤 기술을 버려야 하는지에 대한 판단을 할 수 있다. 이것은 사례관리자가 사용한 기법에 대한 평가를 포함한다.

과정을 평가하는 방법으로는 직접 관찰하여 평가하는 방법과 기록을 중심으로 평가하는 방법이 있다. 사례관리 진행과정에서 클라이언트와의 대화, 기록을 자세히 살펴보는 것, 서비스 제공내용을 관찰하는 것 등으로 평가할 수 있다. 이때 평가자는 ① 서비스 제공이 정확하게 기록되었는가, ② 사례관리자는 서비스 제공 시 정확하고 능숙하며 판단력이 있는가, ③ 클라이언트와의 의사소통유형은 어떠한가, ④ 인권은 보장되었는가, ⑤ 케어플랜이 완전한가, ⑥ 친절한가 등에 대해 주의해서 평가해야 한다(현외성 외, 2012).

(3) 결과평가

결과평가는 사례관리 서비스의 목표에 대하여 성취된 결과를 평가하는 것으로 그 내용은 클라이언트 수준, 서비스 제공자 수준, 서비스체계 수준 등 세 가지로 구분하여 다양한 평가척도를 통해 이루어진다(이근홍, 2015).

클라이언트 수준에서의 평가척도는 ① 서비스 제공자가 클라이언트를 수용할 수 있는 형태와 수준의 서비스를 제공하고 있는가, ② 클라이언트에게 제공되는 서비스는 적당한가, ③ 서비스가 일반적으로 수용할 수 있는 양질의 실천기준에 적합한가, ④ 제공된 서비스가 의도한 결과를 초래하는가, ⑤ 클라이언트는 제공된 서비스에 대해 만족하는가, ⑥ 비공식 지원체계는 클라이언트를 위해 적절히 활용되었는가, ⑦ 한정된 서비스의 공급이 극한 위기에 처해 있는 클라이언트에게 전달되는가, ⑧ 서비스에 대한 접근성이 증진되었는가 등의 내용이 포함되어야 한다.

서비스 제공자 수준에서의 평가척도는 ① 클라이언트에게 제공되는 서비스가 서비스 제공기관의 차원에서 제대로 확보되었는가, ② 서비스 제공기관 직원의 의욕, 소진 또는 이직의 수준은 어떠한가, ③ 서비스 제공기관 간의 협력은 원활한가, ④ 서비스의 신뢰성과 연속성은 보장되는가, ⑤ 클라이언트에게 제공하는 서비스에 대한 지속적인 개선을 추구하는가, ⑥ 클라이언트의 변화와 욕구에 적절히 대처하였는가, ⑦ 지역사회의 자원 활용은 적절하였는가 등이 있다.

서비스체계 수준에서의 평가 척도로는 ① 클라이언트에게 제공할 서비스는 충분히 확보되었는가, ② 서비스 계획이 클라이언트의 장·단기 목표를 달성하는데 적절한가, ③ 서비스의 이행에 존재하는 장애는 어떤 것이 있는가, ④ 서비스 계획에서 기술한 활동과 과업은 적절한 방법으로 실행되었는가, ⑤ 서비스 계획은 클라이언트의 욕구충족과 문제해결에 적합한가, ⑥ 서비스 계획은 지역사회의 인식전환과 정책의 개선에 기여하고 있는가 등이 있다.

2) 종 결

(1) 종결의 유형

종결은 사례관리서비스가 목표를 달성하였거나, 서비스가 클라이언트의 욕구해결에 더 이상 필요하지 않거나, 여러 가지 이유로 더 이상 서비스의 수행이 어려울 경우 서비스 제공을 중단함을 의미한다. 사례관리의 경우 대부분의 클라이언트들은 다양하고 복합적이며, 만성적인 욕구를 가지고 있는 경우가 많아 종결의 시기를 결정하는 데 어려움이 따른다. 그럼에도 불구하고 사례관리자는 다음의 경우 종결을 결정하게 된다(현외성 외, 2012).

첫째, 클라이언트에 의한 종결로 ① 클라이언트의 사망, ② 클라이언트의 거주시설 입소, ③ 클라이언트가 타 지역으로 이주, ④ 클라이언트의 목표달성, ⑤ 클라이언트의 거절이나 포기, ⑥ 클라이언트의 약속 불이행 등의 사유로 사례관리 서비스가 종결될 수 있다.

둘째, 사례관리자에 의한 종결로 사례관리자의 이직이나 업무조정 등의 사유로 사례관리 서비스가 종결될 수 있다.

셋째, 기타 이유로는 ① 기관의 사례관리 기한의 제한, ② 기관의 사례관리

원칙 변경, ③ 기관의 지원이나 능력의 한계 등도 사례관리를 종결하는 사유에 해당이 된다.

(2) 종결 시 과업

사례관리의 종결에는 클라이언트와 사전 협의과정을 거쳐야 하며, 종결 시기에 몇 가지 수행해야 할 과업이 있다. 종결 시 수행해야 할 과업을 세 가지 측면에서 살펴본다(양정남 외, 2009).

① 종결을 위한 준비

㉠ **클라이언트의 종결 준비 상황 평가** : 클라이언트가 종결에 대해 어느 정도 준비가 되어있는지 탐색한다. 종결 준비가 되어 있는 클라이언트는 혼자서도 문제를 해결할 수 있으며, 사례관리자의 원조에 대한 요구가 감소된다. 아울러 자원을 보다 효과적으로 사용하는 모습을 관찰할 수 있다.

㉡ **클라이언트의 현재 상태 평가** : 사례관리자는 클라이언트의 현재 기능상태, 다른 자원체계나 보호체계와의 관계, 진전상태 및 종결 후 발생할 수 있는 위험요소에 대한 평가를 실시해야 한다.

㉢ **사례관리팀 회의에서 종결을 논의하고 결정하기** : 위의 두 가지 준비에서의 결과를 바탕으로 사례관리자는 팀에서 종결에 대해 논의하고 피드백을 받아 종결을 결정할 수 있다.

② 종결과정 수행하기

㉠ **최종면접 수행하기** : 사례관리자는 종결 시 클라이언트와 함께 종결에 대한 감정과 목표달성 정도에 대한 평가를 공유하는 것이 필요하다. 그리고 사례관리 과정을 통한 변화와 목표 달성을 지지하고 격려하는 것도 중요하다.

㉡ **필요 시 타 기관 및 다른 서비스에 의뢰하기** : 종결 시점에서 클라이언트의 추가적인 욕구가 발생하였거나, 다른 서비스가 필요하다고 판단되

면, 사례관리자는 기관 내 타 서비스나 다른 기관에 클라이언트를 의뢰한다. 의뢰 시에는 의뢰의 목적을 명확히 하고, 의뢰처에 대한 정보, 이용 가능 서비스에 대해 안내하며, 클라이언트의 동의를 구해야 한다.

③ 사례관리 전반을 요약하고 기록하기

종결요약 기록에는 다음 내용이 포함되어야 하며, 이는 기관의 특성에 따라 선택될 수 있다.

㉠ 클라이언트가 사례관리 서비스를 받게 된 주요 문제
㉡ 클라이언트를 위한 사례관리 서비스의 목적과 목표
㉢ 성취된 목적과 목표 및 이의 성취과정
㉣ 클라이언트의 현재 상황에 대한 재사정
㉤ 재사정 결과에 대한 대응(의뢰, 종결 등)
㉥ 종결과정 및 종결에 대한 반응
㉦ 사례관리자의 개입과정 및 결과에 대한 평가

종결사례(서울시복지재단, 2009)를 서비스 제공 현황, 클라이언트 변화사항, 사회복지사의 의견으로 나누어 살펴보면 다음과 같다.

㉠ 서비스 제공 현황

사례관리를 위한 서비스 계획수립 이후 종결의 단계까지 클라이언트에게 제공한 기관 내부와 외부의 서비스 내용을 기록한다(서울시복지재단, 2009 : 174).

〈표 9-6〉 서비스 제공 현황 양식사용 예시

서비스 제공현황	• 클라이언트의 무기력증을 해소하기 위해 2009년 1년 동안 정신과 및 보건소 재활 프로그램에 적극적으로 참여하여 상태가 많이 호전되었음(주 2회) • 클라이언트 동생의 컴퓨터 중독 문제와 도벽 문제에 대해 매월 4회 이상 상담을 진행하였으나 크게 개선되지 못하였음 • 클라이언트의 모와 조부모와의 갈등문제에 대해 서로 입장을 이해할 수 있도록 총 5회 상담을 실시하고 개입하였으나 관계가 호전되지 않았음 • 공동모금회를 통해 후원금 10만 원 연계 및 사랑의 PC 나누기 사업을 연계하여 컴퓨터를 지원하였음 • 클라이언트의 치아치료에 긴급 개입하여 문제를 해결하였음

출처 : 서울시복지재단(2009), p. 174.

ⓛ 클라이언트 변화사항

인테이크(intake) 과정에서 종결이 되기까지 개인과 가족 및 환경의 변화(개선이나 악화)된 사항을 기록한다(서울시복지재단, 2009 : 174).

〈표 9-7〉 클라이언트의 변화사항 양식사용 예시

	초기상황	종결상황
클라이언트 변화사항	정신장애로 인해 클라이언트가 무기력한 상태였음	정신과 및 보건소 연계를 통해 심리적으로 많이 밝아졌음
	동생의 컴퓨터 중독과 도벽의 문제가 심각한 상태였음	크게 개선되지 않았음
	동생이 중학교에 중퇴하고 학업을 중단한 상태였음	컴퓨터 중독의 문제가 해소되지 않아 학업을 계속 유지하지 못하고 있음
	모와 조부모와의 갈등	크게 개선되지 않았음

출처 : 서울시복지재단(2009), p. 175.

ⓒ 사회복지사의 의견

클라이언트의 사례관리 종결에 대한 사회복지사의 의견을 기록한다(서울시복지재단, 2009 : 175).

〈표 9-8〉 사회복지사의 의견 양식사용 예시

사회복지사 의견	• 본 클라이언트 가족이 다른 지역으로 이주하게 되어 사례를 종결하게 되었음 • 클라이언트의 욕구와 문제가 전혀 해소되거나 해결되지 않은 상태에서 사례를 종결하게 됨에 따라 이주한 지역의 사례관리 기관에 의뢰하여 지속적인 사례관리가 이루어질 수 있도록 할 계획임 • 이주한 지역에서 사례관리 기관이 확정될 때까지 사후관리를 통해 클라이언트 가족의 문제가 더 이상 악화되지 않도록 개입할 계획임

출처 : 서울시복지재단(2009), p. 175.

4. 기 록

사회복지서비스의 한 분야인 사례관리는 일정한 과정과 절차가 있다. 서비스의 전 과정에서 클라이언트에 관한 모든 사항을 기록하는 것은 여러 가지 의미에서 중요한 작업이다. 사례관리자가 클라이언트를 처음 만나 이루어지는 면접, 개입과정, 종결과 평가 그리고 사후관리에 이르기까지 모든 과정을 기록으로 남기는 것은 서비스에 대한 책임성과 관련이 있다. 따라서 기록의 목적과 방법, 각 단계별 기록의 내용 등을 중심으로 살펴보고자 한다.

1) 기록의 필요성 및 목적

사례관리에서의 기록은 서비스의 전 과정을 문서화하는 작업으로 클라이언트에게 제공되는 서비스의 내용과 과정, 목표달성 정도와 성과 등을 기록하고 평가하는 것이며, 이는 서비스에 대한 사회적 책무성과 사례관리 프로그램에 대한 재정적 지원을 정당화하고 프로그램 실시를 위한 재원을 확보하거나 법정에서 사례관리자의 증언을 증명하는 데 활용될 수 있다(남희연・박영국・도기봉, 2012).

사례관리 기록의 목적으로는 첫째, 책임성이다. 사례관리자들은 자신의 소속기관과 클라이언트, 지역사회에 대해 법적이고 윤리적인 책임성을 가지고 서비스를 실행하며, 이에 대해 기록하고 평가함으로써 전문적 책임을 수행한다.

둘째, 클라이언트에 대한 이해 증진과 정보제공이다. 기록은 사례관리자가 클라이언트의 욕구를 파악하고 개입의 방향을 설정하는 데 도움을 주며, 클라이언트는 자신에 대한 기록을 보거나 기록과정에 참여함으로써 자신에 대한 이해를 높일 수 있다. 그리고 클라이언트의 가족이나 고용주에게 정보를 제공하기도 하고, 다른 전문가 혹은 법정과 지역사회기관이나 조직, 보호 관계망에 정보를 제공하기도 한다.

셋째, 효과적인 사례관리 과정의 점검 및 평가의 목적을 가진다. 기록을 통해 효과적인 서비스 개입이 이루어지고 있는지 평가하며, 때로는 타 전문가에게 의뢰될 경우 서비스가 단절되지 않게 하고, 서비스의 중복이나 누락을 막아 효과적인 사례관리가 될 수 있게 한다.

넷째, 기록은 타 전문직들과의 의사소통을 원활하게 한다. 기관 내 혹은 외부기관으로부터 자문을 받기 위해 필요하며, 기록으로 인해 전문직 간의 협력관계를 원활하게 한다.

마지막으로, 기록은 기관 및 사회정책에 따르는 승인을 증명하거나 연구를 위해서 필요하다. 사회복지활동이 이루어지는 모든 내용을 자료로 남기면, 이것이 연구의 근거자료가 된다.

2) 기록의 내용

기록은 첫 단계의 면접에서부터 종결과 사후관리까지의 과정을 일정한 형식에 따라 객관적으로 서술하는 것이다. 서비스 기관마다 대상이 다르고, 강조점이 달라 공통된 유형의 기록 양식이 존재하기는 어렵다. 그러나 서비스의 진행단계에 따라 어떤 내용들이 기록되어야 하는지에 대한 공통적인 지침은 필요하다. 따라서 서비스의 각 단계별로 기록에 포함되어야 할 내용을 살펴보면 다음과 같다(박미은, 2015).

첫째, 초기면접단계에서 포함되어야 할 기록의 내용으로는 클라이언트의 인적사항과 경제상태, 가족사항, 장애유형 · 등급, 주거상태, 욕구 및 정보에 관한 내용 등이다.

둘째, 사정단계에서는 클라이언트의 문제에 영향을 미치는 다양한 요인들, 현재의 상황, 요구사항과 욕구, 클라이언트의 이용 가능한 자원, 강점, 능력, 전문가의 의견 등이 포함된다.

셋째, 계획단계에서는 개별화된 서비스 계획표를 작성하는 것을 원칙으로 하며, 여기에는 사례관리의 유형, 욕구 및 우선순위, 합의된 목표, 실천계획, 담당, 서비스 빈도, 개입 기간 등을 기록한다.

넷째, 실행단계에서는 사례관리 과정기록지, 서비스 의뢰서, 사례관리 점검일지, 사례회의록, 슈퍼비전 일지, 사례보고서를 작성한다. 과정기록지는 시간 순으로 서비스 제공의 내용과 결과를 기록하되, 사례관리자가 직접 제공하는 서비스와 연계된 기관 내 · 외부에서 제공한 서비스를 모두 기록하는 것이 좋다. 서비스 의뢰서의 경우, 사례요약, 의뢰내용, 사례관리자의 의견 등을 기록한다. 사례관리 점검일지는 별도로 서비스 계획을 다시 수립하는 것이 아니라 서비스 계획표 및 과정기록지에 의하여 진행 과정을 점검하는 것이다.

그리고 사례회의록은 다양한 형태의 사례회의가 있을 수 있는데 사례회의 이후 반드시 회의록을 작성한다. 기록의 내용으로는 참여자, 목적, 논의 내용, 슈퍼비전, 논의 결과, 사례관리자의 의견 등을 기록한다. 슈퍼비전일지는 다른 기록양식과 중복될 수 있기 때문에 기관의 여건에 따라 선택적으로 활용하는 것이 좋으며, 기관에서 외부 슈퍼바이저나 전문 슈퍼바이저를 두고 있거나, 사례관리 모델이 집중형이나 전문관리형의 경우 반드시 기록한다.

마지막으로 사례보고서는 사례관리의 전반적인 과정을 정리하는 것으로 사례관리 대상자 및 수행기관의 기본 정보, 초기면담자료, 가계도 및 생태도, 사정결과 및 서비스계획, 진행상황 및 변화과정, 서비스의 결과 및 사회관계망의 전·후 상태, 추후계획 등을 기록한다.

다섯째, 평가 및 종결단계에서는 종결보고서를 작성한다. 종결보고서의 내용으로는 목표달성 평가, 대상자 만족도, 사회관계망이나 지지망(생태도)의 변화, 추후계획을 포함한 사례관리자의 의견을 기록한다.

3) 기록 양식

본 서에서는 사례실천과정을 초기단계, 사정단계, 계획단계, 실행단계, 평가 및 종결단계로 나누어 살펴보았다. 이에 따른 기록양식을 소개하면 다음과 같다.

(1) 초기단계

일반적으로 초기단계에 작성해야 할 기록양식으로는 초기면접지, 서비스 동의서 등이 있다.

① 초기면접지

초기단계에서 사례관리자는 우선적으로 초기면접(intake interview)을 실시한다. 이 면접은 본격적인 사정(assessment)의 전 단계로서, 서비스를 요청한 사람 혹은 의뢰받은 사람이 해당 기관에 사례관리 대상자로 적합한지의 여부를 판정하기 위한 것이다. 초기면접지 양식은 기관의 필요에 따라 다소 수정하여 사용할 수 있다. 그러나 공통으로 포함되는 내용에는 기본적인 인적사항과 경제상태, 가족사항, 장애유형, 주거상태, 요구 및 정보 등에 대한 내용이 있다(박미은, 2020 : 194-195). 초기면접지의 기록양식의 사례는 본 서 〈표 8-3〉을 참조하기 바란다.

② 서비스 동의서

초기면접을 통해 선정된 사례관리자에게 서비스 제공과 개입을 위해서는 서비스 동의서를 작성하여야 한다. 서비스 동의서의 양식은 본 서 〈표 8-2〉를 참조하기 바란다.

(2) 사정단계

일반적으로 사정단계에 작성해야 할 기록양식으로는 사례관리 사정표 등이 있다.

사정단계에서는 욕구 영역별 기초사정과 척도를 활용한 사정에 근거하여 사례관리 사정표를 작성한다. 단, 척도를 통한 사정은 필수적이기보다는 필요한 경우 선택적으로 이루어진다(박미은, 2020 : 206). 사례관리 사정표의 기록양식의 사례는 다음과 같다.

〈표 9-9〉 사례관리 사정표의 기록양식의 사례

사례번호	○○○	클라이언트	주○○	사례관리자	
작성일자	20 . . .	유형	신규	정보제공자	모, 아들1, 아들2

기초사정	우선순위	현재 상황, 문제	요구사항 및 욕구	자원・강점・이용서비스(공식/ 비공식적), 장애물
경제	1	- 공과금 및 생활비 부족	"공과금, 생활비를 해결하고 싶어요"	• 클라이언트가 자활의지가 있음 • 정부보조금과 교회지원 • 자격증 보유 • 취업성공패키지 참여
	2	- 아르바이트와 식당일을 하고 있음	"제대로 된 직업을 갖고 싶어요"	
정신적 건강	1	- 무기력 경험과 건강 악화	"삶의 활기를 찾고 싶어요"	• 가족에 대한 애정이 있음 • 남편의 폭력을 이겨냄 • 힘든 상황을 버텨옴
	2	- 자녀들의 정신적 불안	"엄마가 아빠처럼 저희를 두고 갈까 두려워요"	
교육	1	- 자녀들의 교육지원 부족	"아이들에게 교육을 지원해 주고, 대학교에 보내고 싶어요"	• 큰 아들이 공부에 관심 많음 • 자녀교육에 대한 어머니의 관심이 큼
여가	1	- 외식을 하고 싶어 함	"가족과 함께 외식을 하고 싶어요"	• 가족원 간에 유대감 있음
	2	- 문화체험의 기회 부족	"역사공부를 하고 싶어요"	
전문가 의견	어머니는 현재 생활 스트레스 및 무기력으로 당장 직업을 갖기에는 어려움이 있다. 정부보조금이 있지만 기타 수입이 없어 경제적 부담과 자녀들 교육비 부담이 큰 상태이다. 남편 없이 혼자 자녀들을 돕고 자신의 상처를 인내하느라 많이 지쳐있는 상태이다. 다른 가족원도 아버지에게 받은 상처로 심리적으로 위축되어 있다. 그러나 가족원 모두 함께 살아보려는 의지가 있다. 따라서 다양한 서비스 제공과 지지체계 구축을 통해 가족이 더욱 안정될 수 있도록 사례관리가 필요하다.			

척도활용 사정	척도 종류	사정 일시	사정 결과
	가족관계 척도	00. 00.	가족관계가 부통 이하로 나타남(관계개선 필요)
	자존감 척도	00. 00.	클라이언트의 자존감이 낮은 편이나 심각한 수준은 아님
사례관리 수준판정	☐ 일반형 ■ 집중형 ☐ 위기(긴급)형		

출처 : 박미은(2020), pp. 214-215.

(3) 계획단계

일반적으로 계획단계에 작성해야 할 기록양식으로는 서비스 계획표 등이 있다. 서비스 계획표는 사례관리자가 사례관리 대상자의 욕구를 해결하기 위해서 설정한 구체적인 계획을 나타낸 것이다. 서비스 계획표의 기록양식의 사례는 다음과 같다.

〈표 9-10〉 서비스 계획표 기록양식의 사례

CT의 문제 및 욕구	결과목표	서비스 목표	서비스 실행 방법	비고
학습의 욕구	주 5회의 학습지도를 진행한다.	복지관의 사회교육 프로그램 수업을 받을 수 있도록 한다.	복지관 영어·수학 사회교육서비스 제공	주 5회 참여
밑반찬 욕구	밑반찬을 지원하여 성장기의 건강증진을 돕는다.	안정적인 밑반찬을 제공한다.	밑반찬 서비스 대상자 선정	주 2회 참여
부의 창업욕구	부의 창업을 위해 자금 마련의 방법을 습득하게 한다.	자립지원과 관계된 대출정보를 제공한다.	사회연대은행대출담당, 사회담당과의 상담 제공	

〈표 9-11〉 서비스 계획표 기록양식

서비스 계획

대 상 자 명 :
일 시 :
담당사회복지사 :

담담	과장	부장	관장

CT의 문제 및 욕구	결과목표	서비스 목표	서비스 실행 방법

○○(종합)사회복지관

출처 : 서울시복지재단(2009), pp. 162, 212.

(4) 실행단계

일반적으로 실행단계에 작성해야 할 기록양식으로는 사례관리 과정기록지, 서비스 의뢰서, 사례관리 점검일지, 사례회의록 등이 있다.

① 사례관리 과정기록지

과정기록지는 시간 순으로 서비스 제공의 내용과 결과를 기록한다. 사례관리자가 직접 제공하는 서비스와 연계된 기관 내, 외부에서 제공한 서비스를 모두 기록하는 것이 바람직하다. 따라서 평소에 사례관리자는 사례관리 대상자가 이용하고 있는 자원과 서비스를 모두 파악하고 있어야 한다. 기록의 형식은 자유롭게 하되, 서비스계획표에 나타난 목적에 맞는 활동으로 채워야 하며, 보통 육하원칙(언제, 어디서, 누가, 무엇을, 어떻게, 왜)을 참조하여 기록하는 것도 한 방법이다(박미은, 2020 : 223). 사례관리 과정기록지의 기록양식의 사례는 다음과 같다.

〈표 9-12〉 사례관리 기록지의 기록양식의 사례

사례번호	000	클라이언트	주○○	사례관리자	○○○

번호	월/일	관련 목표	내용	개입/실천 유형	개입 시간
1	0월 0일	1-1	복지관 서비스제공팀, 지역조직화팀과 함께 내부 사례회의를 진행하였다. 회의의 주된 안건은 클라이언트의 생활비를 지원하기 위한 후원저를 찾아 연결하는 것이있다. 후원처는 그 동안 후원을 했거나 후원의사가 있는 지역주민 중에서 기부자를 찾아 후원을 받기로 하였다. 그리고 생활지원을 위해 ○○반찬가게에서 복지관에 반찬을 후원해 주고 있는데, 후원 반찬 중 일부를 클라이언트에게 제공하기로 하였다. 내일 클라이언트의 동의를 얻어 복지관 기부자들에게 클라이언트의 상황을 자료로 만들어 기부자들에게 우편으로 발송하기로 하였다.	□ 내방 □ 방문 □ 전화 ■ 기타 (회의)	1시간

2	0월 0일	2-2	클라이언트와 아이들이 복지관에 방문하여 사례관리팀 사례관리자와 상담을 진행하였다. 아이들이 사망한 아버지의 어머니 폭행으로 인해 마음의 상처가 컸고, 불안감은 떨쳐버리고 싶다고 하였다. 어머니와 아이들의 심리적 안정을 위한 상담의 필요성을 확인하였다. 사례관리자는 인근의 정신건강복지센터에 전화하여 이용 가능한 서비스를 문의하고 클라이언트와 상의하여 서비스 의뢰서를 작성할 계획이다.	■ 내방 □ 방문 □ 전화 □ 기타 (회의)	1시간
3	0월 0일	4-1	어머니가 아이들과 복지관을 방문하였다. 그간 진행된 사항을 확인한 후에, 요즘 어떻게 지내는지 상담을 진행하였다. 아이들이 많이 좋아졌으며, 큰 아들은 도서관에 들러 책을 읽고 있고, 작은 아들은 학교에 빠지지 않고 다닌다고 하였다. 그리고 어머니는 가족이 함께 외식하는 기회가 있으면 좋겠다는 의사를 표시하였다. 사례관리자가 서비스제공팀과 상의하여 복지관에 연결된 외식 바우처 업체나 가게에서 자원봉사로 식사를 제공하는 식당이 있는지 알아보고, 적절한 식당을 클라이언트 가족에게 연결하기로 하였다.	■ 내방 □ 방문 □ 전화 □ 기타 (회의)	30분

출처 : 박미은(2020), p. 227.

② 서비스 의뢰서

사례관리 대상자가 기관의 정책이나 서비스의 범위에서 벗어날 경우 더 적합한 기관에 의뢰를 하게 되는데, 서비스 의뢰서에는 의뢰사유, 클라이언트의 상태 등을 기록하며, 요보호대상자 카드, 서비스 계획서, 서비스 제공 내역서를 첨부한다. 서비스 의뢰서의 양식 사례는 다음과 같다.

〈표 9-13〉 서비스 의뢰서의 양식 사례

의뢰서

○○○○기관 담당자 :

<table>
<tr><td>성명</td><td></td><td>성별</td><td></td><td>주민번호</td><td></td></tr>
<tr><td>주소</td><td colspan="3"></td><td>연락처</td><td></td></tr>
<tr><td>의료보장</td><td colspan="2"></td><td>장애유형 및 정도</td><td colspan="2"></td></tr>
<tr><td>보호자</td><td colspan="2"></td><td>대상자와의 관계</td><td colspan="2"></td></tr>
<tr><td>의뢰사유</td><td colspan="5"></td></tr>
<tr><td>클라이언트
상태</td><td colspan="5"></td></tr>
<tr><td colspan="6">상기인을 귀 기관에 의뢰하오니 적극 협조 부탁드립니다.
년 월 일
○○(종합)사회복지관
담당자 :
연락처 :

첨부 서류 1. 요보호대상자 카드
2. 서비스 계획서
3. 서비스 제공 내역서</td></tr>
</table>

출처 : 서울시복지재단(2009), p. 218.

③ 사례관리 점검일지

사례관리 점검은 서비스 계획대로 서비스가 제공되고 있는지, 사례관리 대상자의 만족도 등을 점검하는 것이다. 서비스 점검표의 양식은 〈표 9-5〉를 참조하기 바란다.

④ 사례회의록

보호서비스 및 개입내용을 결정하는 과정으로서 사례회의는 사례회의록을 작성해야 한다. 회의록 내용에는 논의내용, 슈퍼비전, 논의결과, 사례관리자의 의견 등이 포함된다(박미은, 2020 : 232). 사례회의록의 기록양식의 사례는 다음과 같다.

〈표 9-14〉 사례회의록의 기록양식의 사례

사례관리자	○○○	소속기관(팀)	사례관리팀	사례회의 일자	00/00
클라이언트	주○○	성별・나이	여(43세)	사례회의 회자	3회차
참여자	팀장 1, 팀원 2				

목적	□ 적격심사(대상자 여부 판정) □ 유형분류(일반, 집중) ■ 욕구사정 및 개입방안 □ 서비스 목표 협의 □ 서비스 계획 수립 □ 종결 여부 □ 기타( )
논의 내용	• 클라이언트에 대한 사정을 실시함. • 다양한 욕구 영역별로 검토해 보았을 때, 사례관리자는 클라이언트의 정신적 이상이 매우 걱정되는 상황이라 이에 대한 조속한 개입이 필요하다고 의견 제시함. • 정신적 문제와 더불어 장기간 지속되어 온 경제적 어려움과 어머니의 양육부담, 생활스트레스, 자녀 교육에 대한 부담을 해소하는 방안이 필요함. • 가족관계와 가족이 함께 하는 기회, 가족외식 등에 대해서도 의논함.
슈퍼비전	• 클라이언트가 처한 상황이나 개인력, 가족력, 그리고 자녀들의 욕구를 종합적으로 살펴보았을 때, 사례관리자의 집중적인 개입이 필요하다고 판단됨. • 경제적 상황과 정신적 문제를 동시에 고려해야 되는 상황이라, 복지관 자원을 활용하고 인근의 전문기관과 협력하여 대안을 모색하는 것이 필요함.
논의 결과	□ 사례관리 대상 선정 ■ 개입 유형 결정 □ 재사정 □ 서비스계획 수립 혹은 수정 □ 유지 □ 의뢰 □ 종결 □ 기타
	결과 및 추후개입방향 이 사례는 논의 결과, 집중형의 사례관리가 필요한 것으로 의견을 모았음. 이용자와 논의를 통해 개별 서비스계획을 수립하는 것이 시급하고, 욕구사정에 기초하여 어머니, 아들1, 아들2가 참여할 수 있는 실행방안을 고려할 계획임.
사례관리자 의견	이 사례는 생계유지와 관련된 경제적 어려움, 어머니의 정신적 불안과 무기력, 자녀들의 정신적 불안과 행동 문제 등이 복합적으로 연결되어 있는 경우임. 따라서 개입의 우선순위는 욕구사정에 기초하여 신중하게 고려하되, 무엇보다 어머니의 자살시도 상황에 대해 신속하게 개입하여 전문적인 서비스를 받도록 조치를 취해야 할 것으로 사료됨. 그리고 경제적 안정과 가족관계 개선, 아이들의 교육 및 문화체험 욕구에 대해서도 순차적인 개입이 필요하다고 사료됨.

출처 : 박미은(2020), p. 235.

(5) 평가 및 종결단계

일반적으로 종결단계에 작성해야 할 기록양식으로는 사례관리 종결보고서 등이 있다. 사례회의를 통해 사례관리 서비스의 종결이 확정되면 서비스의 과정을 평가하고 종결기록을 한다. 사례관리 종결보고서에는 종결유형 및 사유, 서비스 제공현황, 클라이언트 변화사항, 사례관리자의 의견 등을 기록한다. 사례관리 종결보고서의 기록양식의 사례는 다음과 같다.

〈표 9-15〉 사례관리 종결보고서의 양식 사례

사례관리 종결보고서

담당	과장	부장	관장

<table>
<tr><td>관리번호</td><td></td><td>성 명</td><td></td><td>주민번호</td><td></td></tr>
<tr><td>주 소</td><td colspan="3"></td><td>연 락 처</td><td></td></tr>
<tr><td>등 록 일</td><td colspan="2"></td><td>종결일</td><td colspan="2"></td></tr>
<tr><td rowspan="4">종결 유형
및 사유</td><td colspan="2">유형</td><td colspan="3">사유</td></tr>
<tr><td colspan="2">(　　) 클라이언트에 의한 종결</td><td colspan="3">시망(　　), 시설입소(　　), 이주(　　)
목표달성(　　), 상황호전(　　),
타 기관 이용(　　), 거절이나 포기(　　)
약속 불이행(　　), 기타(　　)</td></tr>
<tr><td colspan="2">(　　) 사례관리자에 의한 종결</td><td colspan="3">사직・타업무 희망(　　), 본인과 부적합(　　)
클라이언트의 소극적 참여(　　)</td></tr>
<tr><td colspan="2">(　　) 기타 이유에 의한 종결</td><td colspan="3">기관의 업무 조정(　　)
기관의 사례기한 제한(　　)
기관・법인의 교체(　　), 원칙변경(　　)
기관의 자원・능력의 한계(　　)</td></tr>
<tr><td>서비스 제공현황</td><td colspan="5"></td></tr>
<tr><td rowspan="2">클라이언트
변화사항</td><td colspan="2">초기상황</td><td colspan="3">종결상황</td></tr>
<tr><td colspan="2"></td><td colspan="3"></td></tr>
<tr><td>사례관리자 의견</td><td colspan="5"></td></tr>
<tr><td>종결 결정일</td><td colspan="2"></td><td>담당사례관리자</td><td colspan="2"></td></tr>
</table>

○○(종합) 사회복지관

출처 : 서울시복지재단(2009), p. 217.

10
CHAPTER

사례관리의 실제 : 노인학대 대상자의 통합사례관리 사례

1. 노인학대의 정의
2. 노인학대의 유형 및 처벌
3. 징 후
4. 사 례

CHAPTER 10 사례관리의 실제 : 노인학대 대상자의 통합사례관리 사례

학습목표

1. 주어진 사례의 문제, 계획수립 등을 분석할 수 있다.
2. 사례에 적용된 실천기술을 이해하고, 다른 접근 기술을 모색할 수 있다.
3. 사례관리 과정을 분석하여 제공된 서비스, 클라이언트의 노력과 변화, 종결과정, 사례관리자의 의견을 보고서로 작성할 수 있다.

본 장에서는 사례관리의 실제에 대하여 살펴보기 위하여 사회보장정보원 · 희망복지중앙지원단 사례관리정책지원센터의 '통합사례관리 실천가이드'에 소개되어 있는 노인학대 대상자의 통합사례관리에 대한 실천가이드(사회보장정보원, 2018 : 140-153)를 인용하고자 한다. 여기서 소개되는 사례는 사회보장정보원(2018)이 안전 영역에 욕구가 있는 사례를 행복e음 상담사례관리시스템에서 추출하여 일부 내용을 재구성한 것이다.

1. 노인학대의 정의

노인학대란 노인에 대하여 신체적 · 정신적 · 정서적 · 성적 폭력 및 경제적 착취 또는 가혹행위를 하거나 유기 또는 방임하는 것이다(노인복지법 제1조의2 제4호).

2. 노인학대의 유형 및 처벌

구 분	내 용	처 벌
신체학대	• 물리적 힘 또는 도구를 이용하여 노인에게 신체적 혹은 정신적 손상, 고통, 장애를 유발시키는 행위	• 노인의 신체에 상해를 입히는 행위 → 7년 이하의 징역 또는 7천만 원 이하의 벌금 • 노인의 신체에 폭행을 가하는 행위 → 5년 이하의 징역 또는 5천만 원 이하의 벌금
정서학대	• 비난, 모욕, 위협, 협박 등의 언어 및 비언어적 행위를 통하여 노인에게 정서적으로 고통을 주는 행위	
성학대	• 성적수치심 유발행위나 성폭력(성희롱, 성추행, 강간) 등 노인의 의사에 반하여 강제적으로 행하는 모든 성적 행위	• 5년 이하의 징역 또는 5천만 원 이하의 벌금
경제학대	• 노인의 의사에 반하여 노인으로부터 재산 또는 권리를 빼앗아 가는 행위로서 경제적 착취, 재산에 관한 법률 권리 위반, 제적 권리와 관련된 의사결정에서의 통제 등을 하는 행위	• 노인에게 구걸을 하게 하거나 노인을 이용하여 구걸하는 행위 등 → 5년 이하의 징역 또는 5천만 원 이하의 벌금 · 노인을 위하여 증여 또는 급여된 금품을 목적 이외의 용도로 사용하는 행위 등 → 3년 이하의 징역 또는 3천만 원 이하의 벌금
방임 · 유기	• 방임 : 보호자로서 책임이나 의무를 거부, 불이행 혹은 포기하여 노인의 의식주 및 의료를 적절하게 제공하지 않는 행위 ※ 노인 스스로가 최소한의 자기보호 관련 행위를 의도적, 비의도적으로 포기하여 심신이 위험한 상황, 사망에 이르게 하는 자기방임 포함 • 유기 : 보호자 또는 부양의무자가 노인을 버리는 행위	• 5년 이하의 징역 또는 5천만 원 이하의 벌금

※ 노인학대 법적 처벌 기준 : 노인복지법, 가정폭력범죄의 처벌 등에 관한 특례법, 형법 적용 가능

출처 : 노인학대 예방 신고의무자용 교육교재, 노인보호전문기관(2015. 6), 2018년 처벌내용 현행화.

3. 징 후

구 분	징 후
신체학대	• 치료받지 못한 상처 및 부상 • 설명할 수 없거나 설명과 일치하지 않는 상처 및 부상 • 머리카락이 뽑힌 흔적 또는 머리 부분의 출혈 흔적 • 질병과 관련 없는 탈수 상태 및 영양부족, 체중감소 • 묶인 흔적 또는 상처 • 위축감, 두려움 및 불안증세가 심함
정서학대	• 눈물을 머금거나 우는 모습 • 무반응 또는 무표정한 모습 • 걱정과 근심이 가득한 모습 • 흥분 또는 화가 난 분노의 모습 • 잠을 못 자거나 안절부절 못하는 불안한 모습 • 극단적인 행동 또는 히스테리를 보임 • 말하기를 꺼려하거나 주저함 • 가족 또는 보호자 등과 대화가 거의 없거나 눈치를 봄 • 사람을 만나거나, 외부활동을 피하거나 꺼림 • 다툼, 욕설, 큰소리가 자주 들림
성학대	• 걸을 때 혹은 앉을 때의 어려움 • 속옷이 찢어짐 • 외부 성기 부분이나 항문 부위의 타박상이나 하혈 • 신체의 주요 부분을 노출시킴 • 성병에 걸림 • 분노 또는 수치심 • 특정 유형의 사람들에 대한 두려움
경제학대	• 노인의 재산이 타인의 명의로 갑자기 전환됨 • 노인에게 강요하거나 허락 없이 재산 관련 서류를 처리함 • 노인부양을 전제로 재산을 증여했으나 부양하지 않음 • 노인이 빌려준 돈 또는 물건을 받지 못함 • 공공부조(기초생활보장제도 급여, 기초노령연금 등)를 가로챔 • 자신의 돈을 마음대로 사용하지 못함 • 개인 귀중품이 없어짐 • 은행계좌의 부적절한 거래가 있음 • 체납된 공과금 및 고지서가 발견됨 • 노인의 임금이 체불됨

방임	• 대소변 냄새, 악취, 땀띠, 염증, 욕창 등이 방치된 상태 • 머리, 수염, 목욕, 손톱, 옷 입기 등의 신변처리가 안된 상태 • 노인의 건강·주변 환경의 안전 위험 징후 • 의복 및 이불 등의 빨래가 제대로 되어있지 않은 주거환경 • 식사를 거르는 등의 영양실조나 탈수상태 • 경제적 능력이 없는 노인의 기본적 생활비 지원이 거의 없음 • 노인 스스로 의료적 처치, 의식주를 거부하여 생명이 위험함(자기방임)
유기	• 노인이 낯선 장소에서 배회하고 있음 • 노인이 자신의 주거지 및 연락처를 알지 못하는데 버려져 있음 • 가족 및 보호자가 노인과 연락을 두절하거나 왕래를 하지 않음 • 노인을 시설 및 병원 등에 입소시킨 후 연락 두절

출처 : 노인학대 예방 신고의무자용 교육교재, 노인보호전문기관(2015. 6).

4. 사 례

■ 사례 개요

구 분	상 황	참조사항
가구 구성	독거노인가구(74세)	이혼 후 세대분리하였으나 경제적 문제로 동거중
가족 관계	66세 부인(큰아들과 포장마차 운영) 41세 자(부에게 폭언과 폭행을 행함) 39세 자(독립하였으나 연락 두절됨)	이혼 미혼 미혼
경제 활동	공공근로 탈락	경제적 빈곤으로 독립 불가
건강 정도	2년전 파킨슨병 발병	

(1) 대상자 발굴과 초기상담

■ 상담경로

• 대상자는 공공근로로 생계를 유지하였으나 기간만료로 공공근로가 제외되면서 경제적인 어려움을 호소하여 기관 내 타 부서로부터 의뢰됨. 대상 가구를 방문하여 상담 진행됨(2015. 2. 9).

■ 상담내용

• 대상자는 파킨슨병 발병 후 처에게 이혼을 당하였으나 경제적 어려움으로 한 집에서 생활함.

(안전) 법적으로 이혼한 처와 큰아들에게 상습적으로 폭행을 당하나 마땅히 갈 곳이 없음[큰아들이 발로 배를 걷어차고 욕을 하며(월 4~5회 정도) 500만 원을 줄 테니 집에서 나가라고 함].

(건강) 3년 진 파킨슨병이 발병하여 병원치료 및 복약 중에 있음.

(일상생활) 큰아들 명의의 집으로 방 3칸, 주방, 거실, 화장실이 있으며 대상자는 방 1칸을 사용 중. 쌀과 반찬을 사다 먹으며 생계를 유지함.

(가족관계) 전혀 부양받지 못함.

(경제) 병을 앓기 전에는 택시회사에서 차량관리를 하였으나 파킨슨병으로 퇴사 후 공공근로를 하게 되었고, 현재는 공공근로 탈락으로 근로소득 없이 월 20만 원의 기초노령연금을 수령하고 있음.

■ 종합의견

• 주 호소 문제

1. 경제적 어려움(생계유지 곤란)으로 일자리를 희망함.
2. 처와 큰아들의 폭력으로부터 벗어나고 싶음.

→ 대상자는 안전, 경제, 건강, 가족관계 등 다양한 영역에서 복합적인 문제를 가지고 있으나 스스로 문제 해결하는 것에 어려움(자원에 대한 정보 부족 등)이 있어 사례관리를 요청함.

(2) 욕구 및 위기도 조사

■ 욕구조사(2015. 2. 9)

- **안전 영역**

  (가족 내 안전 유지) 경제적 어려움으로 이혼한 처(함께 거주)와 큰아들과 한 집에서 생활하고 있으나 대상자가 3년 전 파킨슨병을 앓기 시작하면서 이혼한 처와 큰아들로부터 가정폭력을 당하고 있어 폭력에서 벗어나고 싶다고 함.

  - 장애물 : 고령으로 대항할 힘이 없고, 경제적 어려움이 있어 분가하기에도 힘든 상황임.

- **경제 영역**

  (기초생활 해결) 대상자는 같이 거주하는 이혼한 처와 큰아들로부터 부양을 받지 못함. 스스로 공공근로를 하며 생계를 꾸려왔으나 공공근로 기간 만료로 일자리가 없어지자 식생활 해결에 어려움을 겪게 됨. 생계유지를 위해 일자리를 희망함.

  - 강점 : 72세의 고령으로 파킨슨병을 앓고 있으면서도 최근까지 근로를 하였고 앞으로도 일을 하여 스스로 생계를 책임지고자 하는 의지가 강함.
  - 장애물 : 고령 및 질병으로 일자리를 구하기가 쉽지 않음.

- **사회적 지지자원**

  - 근로복지공단 ○○병원에서 파킨슨병 관련 정기검사 및 약 복용 중.

[종합의견]

대상자는 이혼 후 경제적 어려움으로 원가족과 같이 살고 있으나 가족들로부터 부양을 기대하기 힘들고 가족에 의한 방임과 신체·정서적 학대를 받고 있음. 또한 고령과 건강문제로 근로가 어려워 생계유지에 어려움을 가지고 있어 개입이 필요한 상황임.

■ 위기도조사(2015. 2. 9)

[정보제공자 : 대상자(본인)]

- 안전(가족 내 안전유지/ 가족 외부로부터의 안전유지) : 3점/ 2점
- 건강(신체적 건강유지) : 2점
- 가족관계(관계형성/ 가족돌봄) : 4점/ 3점
- 사회적 관계(친인척 및 이웃 간 관계형성/ 소속된 집단 및 사회생활): 3점/ 4점
- 경제(기초생활해결/ 자산관리) : 1점/ 1점
  - 사정자가 판단한 위기도 : 총 23점

(3) 대상자 선정 : 사례회의

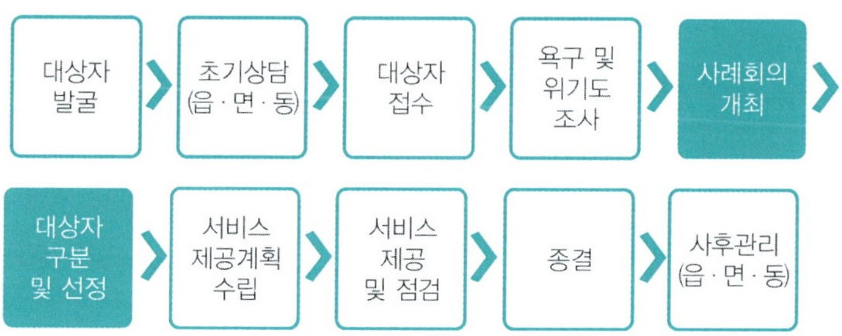

■ 통합사례회의를 통해 대상자 선정 및 주사례기관 결정

- **회의 일시** : 2015. 2. 10. 16:00~17:00
- **사례회의 참석자**

  (내부) 희망복지지원팀장, 통합사례관리자, (의뢰한) 동 주민센터 담당, 복지정책과 국민기초생활수급 담당

  (외부) 종합사회복지관 담당자, 보건소 방문간호팀 담당자, 노인보호전문기관 담당자
- **회의 내용**
  - 대상가구 사례 개요 공유

- 진행사항 논의

[안건 : 대상자의 가정폭력 및 생계유지 관련]

(희망복지지원단) 노인보호전문기관에 의뢰, 동주민센터에 노인일자리사업 신청 서류 접수함.

(노인보호전문기관) 원가정 방문 현장조사를 통해 가해자, 피해자의 이야기를 모두 듣는 것이 원칙이나 대상자는 잠재적 학대 판정을 한 상황. 학대 발생 시 쉼터 입소(3개월까지 거주 가능)가 가능함(고소, 고발은 불가능).

(보건소) 파킨슨병은 약물관리가 매우 중요한데 대상자의 경우 약물관리를 잘하고 있음. 국민기초생활수급자 선정 시 장기요양등급 없이도 시설입소를 희망할 경우 관내 양로원 원장과 상의하여 입소진행 가능함.

(복지정책과) 가족과 함께 거주하고 있는 상황에서 국민기초생활수급자 책정은 어려울 것으로 보임. 주소가 같이 등재되어 있어도 쉼터 입소 시 1인 가구 긴급지원 생계비는 지원 가능함. 긴급 주거도 지원이 가능하나 보증금 마련은 본인이 부담해야 함.

※ **추가 정보가 필요한 사항**

- 대상자 가정에 폭력이 일어난 원인은 무엇인지(원가족을 통한 확인 필요)?
- 대상자가 나이가 많고 지병이 있는 상태로 앞으로 어떻게 생활할 것인지?
- 집 문제를 해결할 방안이 있는지?
- 분리가 결정되기 전까지는 원가족과 거주해야 하는 상황에서 폭력상황을 줄일 수 있는 방법이 있는지?

⇒ 대상자와 논의 필요하며 협의 후 개입계획 세우기로 함

- **회의 결과**

- 대상자를 통합사례관리 대상자로 선정하고 지역 자원 간 지원 방향을 설정(기관 간 역할 배분)

(복지정책과) 대상자의 생계유지를 위해 국민기초생활수급자격, 긴급지원(생계, 주거) 자격 여부 확인

(노인보호전문기관) 주 사례관리 기관으로 대상자 안전 확보를 위해 노인쉼터 등 자원 확인 및 연계

(종합사회복지관) 대상자의 식사해결을 위해 무료 경로식당 이용 여부 확인 및 연계
(희망복지지원단) 지역사회 자원 간 조정자 역할 수행

(4) 서비스 제공 계획 수립

■ 단기목표

1. 가족의 폭력으로부터 벗어날 수 있는 방법 알아보기
2. 균형잡힌 식사를 할 수 있도록 식사문제 해결하기

■ 장기목표

1. 가족의 폭력으로부터 벗어나 안전한 생활하기
2. (가족으로부터 지속적으로 부양을 받지 못할 경우) 국민기초생활수급자 보호받기

(5) 서비스 제공 및 점검

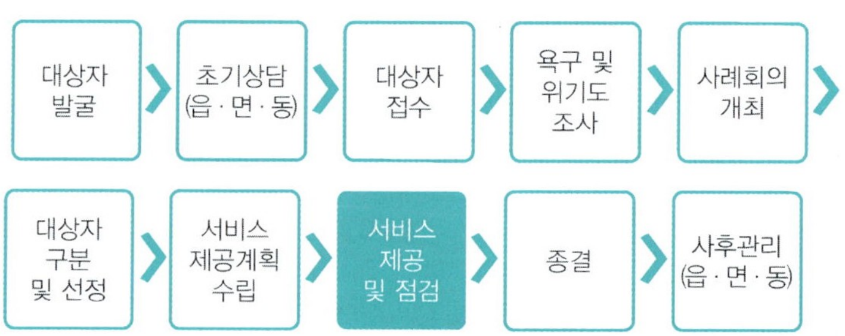

■ 1차(2015. 2. 10., 서비스연계의뢰, 노인보호전문기관 전화)

- 대상자 상황에 따라 노인보호전문기관에 전화 의뢰함. 대상자의 경우 입소 가능한 쉼터에 3개월까지 보호가 가능하며 입소 시 신변보호를 위해 비공개 원칙이고 외출의 제한이 있음. 대상자 접수되어 담당자 배정 후 전문상담 진행 예정임.

■ 2차(2015. 2. 11., 대상자 상황 점검, 대상자 내방)

- **대상자의 향후 생활계획에 관한 상담**

사례관리자 : 양로원 생활에 대한 논의가 있었는데 어떠한지?

대상자 : 혼자 생활해 온 습관으로 타인과 함께 생활하는 것이 불편함. 특히 화장실을 함께 쓰는 것이 불편할 것 같고 여러 사람이 함께 있는 것 자체가 불편하다고 느낌.

사례관리자 : 식사가 걱정되는데 어떻게 해결하고 있는지?

대상자 : 반찬을 직접 만들 수 있음(요리 가능). 현재는 돈이 없어 그렇게 하지 못함.

사례관리자 : 최근 1주일 내 폭력행위가 있었는지? 어떻게 대처했는지?

대상자 : 최근 1주일 내 가정에서 때리지는 않았지만 목을 조르고 욕설("야, 이 새끼야, 개새끼야" 등)을 퍼붓는 일이 있음. 아들의 체격이 크고 힘이 좋아 대처할 수 없음.

사례관리자 : 아들이 언제부터 폭력을 시작했고 어떤 것이 원인이라고 생각하는지?

대상자 : 3년 전부터 폭력이 시작됨. 경비 일을 할 때는 안그랬는데 집에서 놀고 건강도 안 좋아지니까 그런 것 같음.

사례관리자 : 식사는 흰밥과 젓갈로 드시는 것 같은데 지금은 어떤지? 복지관 경로 식당을 이용할 의향이 있으신지?

대상자 : 매주 목요일, 금요일은 교회에서 점심을 먹고 있음. 식사는 해결하는 데 무리가 없어서 경로식당은 이용하지 않아도 괜찮을 것 같음.

사례관리자 : 파킨슨 약은 잘 드시고 계신지?

대상자 : 아침, 저녁으로 먹고 있음. 먹지 않으면 몸이 떨려 지내기가 어려워져서 꼭 챙겨 먹음.

사례관리자 : 어떤 문제가 해결되면 혼자 생활이 가능해질지?

대상자 : 월세를 10만 원 정도 낸다면 혼자 생활이 가능할 것 같음. 동사무소에 일자리사업 신청해서 23일 결과발표가 됨(근로 시 수입으로 월 20만 원 정도 수령 가능함).

사례관리자 : 그럼 방을 얻을 수 있는지?

대상자 : 어려움. 집을 수리해서 사는(지역자활센터 주거환경개선사업) 것도 괜찮음.

사례관리자 : 아들이 500만 원을 준다고 했는데 받아서 나올 수 있는지?

대상자 : 줄지 안 줄지 모르겠다만 빨리 나가고 싶음.

사례관리자 : 500만 원을 받지 않아도 나올 의향이 있는지?

대상자: 그렇게 하고 싶음.

■ 3차(2015. 2. 16., 서비스연계 기관 점검, 연계기관 전화)

- 종합사회복지관의 경로식당 이용 관련하여 내싱지가 이용의사 없음을 공유함. 향후 대상자 의견이나 상황변화 시 서비스 제공에 대한 협조를 요청함.
- 대상가구 방문상담을 위해 일정을 확인한 후 노인보호전문기관 담당자와 일정을 조율함.

■ 4차(2015. 2. 26., 노인보호전문기관 담당자와 대상자 가정 방문)

- **쉼터입소 절차 상담차 가정 방문**

노인보호전문기관 : 노인보호전문기관과 통화 이후 폭력이 있었는지? 쉼터에 입소하기 전 정리할 것이 있는지?

대상자 : 아들이 목을 누르고 나가라고, 안 나가면 죽이겠다고 함(몸에 멍이나 상처는 없음). 주변 정리 후 3월 2~3일에 쉼터로 가고 싶음.

노인보호전문기관 : 대상자 입소를 위해 가족의 동의가 필요한데 연락을 해도 괜찮은지?

대상자 : 아들과 처의 핸드폰 연락처는 모르며 포장마차의 연락처가 기재된 라이터를 내밈.

(대상자에게 입소 동의를 구하고, 아들의 이름과 연락에 대한 동의를 얻음)

노인보호전문기관 : 오늘부터 입소일까지 집에서 지낼 수 있을지?

대상자 : 괜찮음.

노인보호전문기관 : (폭력 발생 시 바로 경찰서에 가서 보호 요청하도록 안내함. 보호 요청 시 경찰서에서 노인보호전문기관으로 바로 연락됨) 쉼터 입소 시 3개월 동안 머무를 수 있는데 그 이후 계획은? 긴급 주거지원 시 보증금이나 수리비 마련이 가능한지?

대상자 : 아들한테 이야기하면 해준다 함. 기관에서도 가족에게 이야기해 달라 요청함

→ 노인보호전문기관에서 아들, 처와 상담 후 대상자를 쉼터로 옮기기로 함.

(대상자 주거환경 및 일상생활 유지 정보 파악) 상담 후 대상자의 동의를 얻어 방을 둘러봄)

- 대상자 방의 방문 가운데가 부서져 있음(아들이 주먹으로 쳐서 부서졌다 함)
- 식사는 어떻게 하는지 묻자 침대 밑에서 젓갈통과 밥이 든 플라스틱 통을 꺼냄.

  (밥은 차가운 상태로 통에 반 정도 담겨있고 젓갈은 말라있음)

  (상담자 의견) 몸에 멍이나 상처는 발견되지 않았으나 가족들로부터 돌봄을 받지 못하고 있음을 확인함.

■ 5차(2015. 3. 4., 대상자·서비스연계기관 점검, 연계기관 전화)

- 노인보호전문기관의 일시 보호소인 ○○쉼터 입소(2015. 3. 3) 확인.
- 대상자는 식사와 안전한 공간이 있어 편안하고 좋다고 표현함.

■ 6차(2015. 5. 4., 서비스연계기관 점검, 연계기관 전화)

- 쉼터 입소 3개월 기간이 도래하여 대상자 거취에 대해 노인보호전문기관 담당자와 통화함. 노인공동생활 노인공동생활가정 입소 확인(2015. 5., 타 구 전출)
- 대상자 시설 입소(타 구 전출) 및 국민기초생활수급자로 보호됨 확인.

(6) 종결 및 사후관리

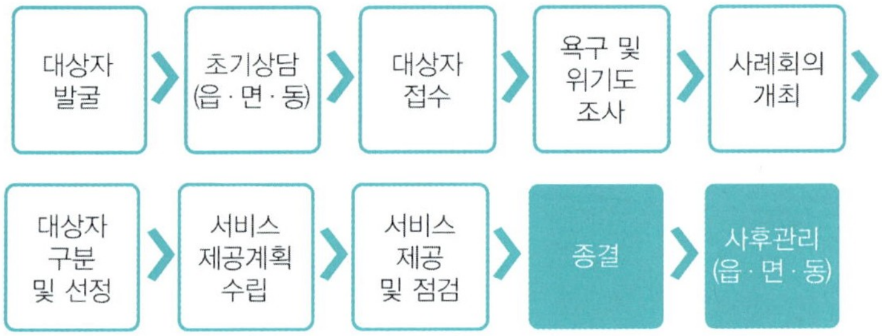

■ 종결을 위한 통합사례회의

- **회의 일시** : 2015. 5. 14. 14:00~15:00
- **사례회의 참석자**

  (내부) 희망복지지원팀장, 통합사례관리자, (의뢰한) 동 주민센터 담당, 복시 징책과 국민기초생활수급 담당

  (외부) 노인보호전문기관 담당자, 종합사회복지관 담당자

- **회의 내용**

  : 사례개요 및 개입 상황 공유

(대상자 변화)

- 대상자는 쉼터로 분리 후 타 구의 노인공동생활가정에 입소하게 되어 가족(아들과 처)의 폭력으로 인한 불안함에서 벗어나 신체·정서적으로 안정된 생활을 유지하게 됨.
- 집에서 지낼 때는 가족으로부터 부양을 받지 못해 건강관리에 어려움이 있었으나 시설 입소 후 건강에 대한 의료적 조치를 받을 수 있고 규칙적인 생활을 통해 건강관리가 이루어짐.

  → 장기목표 달성
- 회의 결과

  – 대상자의 타 구 이전에 따라 사례관리 종결.

  (노인보호전문기관도 입소에 따른 대상자 안전 확보로 사례관리 종결)

■ 위기도조사(2015. 5. 4)

[정보제공자 : 대상자(본인)]

- 안전(가족 내 안전유지/ 가족 외부로부터의 안전유지) : 3점/ 2점 ⇒ 0점
- 건강(신체적 건강유지) : 2점 ⇒ 0점
- 가족관계(관계형성/ 가족돌봄) : 4점/ 3점 ⇒ (관계형성) 2점
- 사회적 관계(친인척 및 이웃 간 관계형성/ 소속된 집단 및 사회생활) : 3점/ 4점 ⇒ 0점
- 경제(기초생활해결/ 자산관리) : 1점/ 1점 ⇒ 0점
  - 사정자가 판단한 위기도 : 총 2점
  - 대상자 구분 : 비사례관리 대상자

■ 사후관리

- 노인보호전문기관 상담원이 대상자의 노인공동생활가정 입소 생활 후 적응에 대한 모니터링을 진행하기로 함.

■ 전문가 슈퍼비전

슈퍼바이저 : 조○○ 교수(한국사례관리학회)

- **총평**

  이 사례는 이혼 후 합가하여 사는 사실혼 상태 3인 가구로서 모자가 부를 학대하고 있는 사례임.
- **대상자로서의 적합성**
  1. 학대가 발생되고 있는 상황으로 당사자가 분리되기를 희망하고 있는 사례로서 학대로 인한 위기 개입 사례로 신속하게 판정하고 노인보호전문기관으로 이관하여야 했다고 봄.
  2. 어르신의 주거지 분리와 관련된 문제들은 노인보호전문기관에서 진행해야 하는 과업이라고 봄.
  3. 노인보호전문기관의 위기 개입 이후 종결 후 사후관리가 필요하다면 통합사례관리로 재의뢰할 수 있음.

- **정보수집의 적절성**

1. 인테이크부터 종결까지의 전 과정에 당사자 이외의 아내와 아들에 대한 상담이 진행되고 있지 않음. 과연 아들이나 아내는 대상자에 대해 어떤 생각과 느낌을 가지고 있는 것인지 이혼 이후 같이 살지 않을 수도 있었을 텐데 대상자를 받아주고 함께 살아온 이유는 무엇인지 알아볼 필요가 있음.
2. 할아버지가 진정으로 원하는 것이 세대분리였는지 궁금함. 대상자가 학대를 감수하면서도 집에 있었던 이유는 무엇인지, 자녀와 아내가 자신을 학대하는 이유는 무엇이라고 생각하고 있으며, 그에 대한 자신의 생각은 어떤 것인지? 가족관계를 이해하기 위한 깊은 상담이 이루어졌어야 함.
3. 대상자의 인지, 건강, 심리상태에 대한 전문자의 진단과 조언도 필요함.

- **실행과 점검의 적절성**

1. 주 사례관리 기관이 어디인지 모호함.
   노인 방임사례로 노인보호전문기관으로 의뢰 후 종결하였다가 위기 개입 이후 사후 관리나 모니터링을 노인보호전문기관으로부터 의뢰받아 진행하는 것이 적절하리라고 봄. 그러므로 노인보호전문기관으로 사례 의뢰 시 통합사례회의를 거쳐 주 사례관리자 선정이 필요했고 명확한 역할 분담이 이루어져야 할 것임.
2. 다른 방법은 노인보호전문기관이 주 사례관리자 역할을 수행하고 자원으로서 행정적 절차를 지원하는 역할을 수행하였다면 이를 기록에 남겨야 함. 그러나 현재는 노인보호전문기관이 사례관리를 진행하고 있고 진행사항을 물어 기록하고 있는 느낌이 있어 불필요한 모니터링이었다고 봄.

- **사례관리자의 관점과 태도**

1. 표면상으로 보이는 폭력이라고 하는 상황에 중점을 두고 폭력상황을 해결하기 위해 대상자를 분리하는 방법을 고안하여 진행하였음. 사례관리자는 문제와 관련된 맥락을 이해하고자 하는 중립적 태도가 필요함.
2. 문제해결이 우선시되다 보니 클라이언트에게 필요한 환경(자식, 아내 등)과의 상호작용의 품질개선보다는 가해자와 피해자의 관계로 규정하여 관계를 더욱 단절하게 하는 결과를 초래하였음.
3. 안전을 유지하기 위한 최선의 해결대안으로 분리와 거처 마련을 선택하였다 하더라도 향후 외로움과 인생에 대한 후회 없이 가족과 연락도 하

며 지내고 편안하게 여생을 마칠 수 있도록 하기 위해 원가족의 어려움을 이해하여 주고 협력자로 변화되는 과정이 필요함.

- **자원체계와의 협력**

노인보호전문기관과 사례관리기관과의 유기적 협력체계를 구축하여 의뢰와 사후 관리 또는 주 사례관리자와 자원체계로서의 역할 전환이 부드럽게 진행될 필요가 있음.

형식적인 협약도 중요하지만 사례에 대하여 격의 없이 토의하고 협력하기 위해서는 실무자 간의 비공식적 접촉기회를 증가하고 팀워크를 향상시킬 수 있는 기회를 증가시킬 필요가 있음.

참고문헌

강명순 외 부스러기사랑나눔회 지역사회복지사 팀(2008). 빈곤아동 · 가족과 함께하는 찾아가는 사례관리. 학지사.

강현주(2007). 학교사회복지에서의 사례관리 실천방안에 관한 연구 : We Start사업의 사례를 중심으로. 서강대학교 공공정책대학원 석사학위논문.

강흥구(2020). 사례관리. 정민사.

권중돈 · 김동배(2009). 인간행동과 사회환경. 학지사.

권진숙 · 김상곤 · 김성천 · 박지영 · 유명이 · 유서구 · 이기연 · 조현순(2009). 인천광역시 사회복지관 사례관리 실천을 위한 매뉴얼 연구보고서. 인천광역시 사회복지관협회 · 사례관리연구회.

권진숙 · 박지영(2009). 사례관리의 이론과 실제(제2판). 학지사.

김규수(2005). 정신보건사회복지실천론. 형설출판사.

김미숙 · 우국희 · 양소남 · 이수연 · 이정현(2011). 선진국의 아동 사례관리체계 비교 연구 : 영국, 미국, 뉴질랜드를 중심으로. 한국보건사회연구원.

김 병 · 이인순 · 이진향 · 이하예진 · 정명환 · 조승석 · 황은혜(2019). 지역사회복지론. 창지사.

김상곤 · 김연수 · 김진경 · 김혜성 · 민소영 · 박용수 · 박지영 · 박효준 · 박은령 · 안희정 · 유서구 · 윤철수 · 전석균 · 조현순 · 황미경 · 황미영 · 황재경(2016). 사례관리 전문가 심화과정교육. 학지사.

김성경(2017). 사회복지 사례관리론. 공동체.

김연옥(2010). 영국의 정신장애인 탈원화 경험에 관한 연구. 사회과학연구, 26(2), 147-170.

김영종 · 홍현미라 · 이현주 · 이혜원 · 이민영 · 진재문(2010). 사회복지 네트워킹의 이해와 적용. 학지사.

김희연(2002). 지역사회복지의 네트워크 분석. 이화여자대학교 대학원 박사학위논문.

남연희 · 박영국 · 도기봉(2012). 사회복지실천론. 공동체.

노혜련 · 유성은(2007). 강점관점 사례관리의 특성에 관한 연구 : 빈곤여성 가구주의 참여경험을 중심으로. 한국가족치료학회지, 15(2), 75-103.

민소영(2015). 한국의 사례관리 전개과정과 쟁점 고찰. 한국사회복지행정학, 17(1), 213-239.

박미은(2015). 사회복지사를 위한 사례관리. 양서원.

______(2020). 사회복지사를 위한 사례관리. 양서원.

박정임(2002). 정신장애인을 위한 강점관점 사례관리모델의 효과성에 관한 연구. 서울여자대학교 대학원 박사학위논문.

변소현 외(2008). 장애인복지관 사례관리체계 실태조사 연구. 한국장애인복지관협회.

보건복지부(2016). 희망복지지원단 업무안내. 보건복지부.

_________(2019). 희망복지지원단 업무안내. 보건복지부.

_________(2020). 희망복지지원단 업무안내. 보건복지부.

사회보장정보원(2018). 통합사례관리 실천가이드. 희망복지중앙지원단 사례관리정책지원센터.

서울시복지재단(2009). 사회복지관 프로그램 매뉴얼 지역사회보호사업 : 사례관리 실천 매뉴얼. 서울특별시.

____________(2010). 사회복지관 프로그램 매뉴얼 지역사회보호사업 : 사례관리 실천 매뉴얼. 서울특별시.

____________(2013). 통합사례관리 가이드라인.

설진화(2011). **사례관리론**. 양서원.

소영호(2014). 교육복지우선지원사업 사례관리 실태에 관한 연구. 한국교원대학교 교육정책전문대학원 석사학위논문.

신새미(2008). MMORPG의 소셜 네트워크 형성 양상에 관한 연구 - 커뮤니케이션 특성을 중심으로. 이화여자대학교 대학원 석사학위논문.

신창식(2005). 영국의 지역사회정신보건정책 개혁에 관한 연구 : 신노동당 집권 이후(1997-)를 중심으로. **사회복지정책**, 23, 109-132.

안민이(2020). 코칭프로그램이 중간관리자의 진정성 리더십과 조직몰입에 미치는 효과. 경성대학교 대학원 석사학위논문.

양옥경・김정진・서미경・김미옥・김소희(2011). **사회복지실천론**. 나남.

양정남・권구영・김화선・최은정・한혜경(2009). **사례관리**. 양서원..

엄명용・김성천・오혜경・윤혜미(2016). **사회복지실천의 이해**. 학지사.

엄명용・노충래・김용석(2006). **사회복지실천기술의 이해**. 학지사.

육지애(2010). 소셜 네트워크 서비스의 활용방안 연구 : 트위터를 중심으로. 광운대학교 정보콘텐츠대학원 석사학위논문.

이근홍(2006). **개별관리**. 공동체.

_____(2015). **사례관리**. 양서원.

이금진(2004). 장애인 직업재활기관의 사례관리실천 현황 분석. **장애인고용**, **가을호**, **53**, 36-54.

이봉주・김용득・김문근(2008). **사회복지서비스 공급체계 : 쟁점과 대안**. EM커뮤니티.

이신영・박선영(2012). **사회복지실천기술론**. 양서원.

이준우・최희철(2014). **사례관리론**. 신정.

이준우・손덕순(2016). **정신보건사회복지론**(제3판). 서현사.

이채식・권신영・김준환・박주현・오영훈・전영록・간순옥・권명희(2020) **사회복지 사례관리**. 어가.

임상록・구승신・권향임・박주현・손경숙・윤영미・이명순・정옥희(2009). **사회복지실천의 이해**. 파란마음.

전재일・이성희(2004). **사회복지실천기술론**. 형설출판사.

전해황(2001) 지역사회유형별 민간사회안전망 구축방안에 관한 연구. 대구대학교 대학원 박사학위논문.

정순둘・김경미・박선영・박형원・최혜지・이현아(2007). **사회복지와 임파워먼트**. 학지사.

정순둘(2005). **사례관리실천의 이해**. 학지사.

_____(2008). **사례관리 실천의 이해 - 한국적 경험-**. 학지사.

정일교 · 김만호(2019). **장애인복지론**. 양성원.

조홍식(1998). 미국의 지역사회 정신보건 서비스 전달체계와 지역사회 지원서비스 모델에 관한 연구. **재활복지**, 2(1), 78-107.

채강숙(2008). 독거노인의 사회적 지지망 실태에 관한 연구 -태백시를 중심으로-. 상지대학교 대학원 석사학위논문.

최송식(2008). **지역사회정신보건과 사례관리실천**. 공동체.

최영신 · 김만호(2006). 일본 '자녀양육지원센터'의 복지 · 보건 연계에 대한 일고찰. **사회복지정책**, 27, 27-53.

최옥채(2005). **조직화 기술**. 학현사.

최옥채 · 박미은 · 서미경 · 전석균(2011). **인간행동과 사회환경**(제4판). 양서원.

최은정 · 박은아 · 배은경 · 양정남 · 이재경 · 조혜정(2020). **사례관리론**. 양서원.

최정아(1991). 사회적 지지망과 노인의 생활만족도. 한양대학교 대학원 석사학위논문.

하지선(2016). 정신보건센터 사례관리 실천의 조직화에 관한 제도적 문화기술지. 가톨릭대학교 대학원 박사학위논문.

한국사례관리학회(2012). **사례관리론**. 학지사.

_____________(2016). **사례관리전문가 심화과정 교육**. 학지사.

한국은(2021). **경청의 실행**. 유비온.

한국장애인복지관협회(2008). 장애인복지관 사례관리체계 실태조사 연구.

현외성 · 정재욱 · 마은경 · 이은정 · 문정란 · 김용환 · 강환세 · 박선애 · 정민화(2012). **사회복지 사례관리론**. 공동체.

황성철(1995). 사례관리 실천을 위한 모형개발과 한국적 적용에 관한 연구. **한국사회복지학**, 27, 275-307.

Adams, Marilee G.(2018). 정명진 역. **삶을 변화시키는 질문의 기술**. 김영사.

Ballew, J. R., & Mink, G.(1996). *Case Management in Social Work*(2nd ed.). The Charles C. Publisher, Ltd.

Barker, Robert L.(1995). *The Social Work Dictionary*(3rd ed.). Washington, D.C. : NASW Press.

Bertsche, A. V., & Horejsi, C. R.(1980). Coordination of Client Services. *Social Work*, *25*(2), 94-97.

Biestek, F. P.(1957). *The Casework Relationship*. Chicago : Loyola University Press.

Bowles, W.(2009). Practice value, principles and ethics. In E. Moore(Ed.), *Case Management for Community Practice*. Australia : Oxford Univ. press.

Compton, B., & Galaway, B.(1999). *Social Work Process*(6th ed.). Pacific Grove, CA : Brooks/Cole.

Dexter, M., & Harbert, W.(1983). *The Home Help Service*. Tavistock Publications.

Early, T., & Poertner, J.(1995). Examining current approaches to case management for families with children who have serious emotional disorder. In Friesen, B. J., & Poertner, J.(Eds.), *From*

Case Management to Services Coordination for Children with Emotional, Behavioral, or Mental Disorder(pp. 37-39). NY : Paul H. Books Publishing Co., Inc.

Floland, C., Pancoast, D., Chapman, N., & Kimboko, P.(1981). *Helping Networks and Human Services.* Beverly Hill, CA : SAGE Publications.

Frankle, A., & Gelman, S. R.(2004). 권진숙 역. 사례관리 개념과 기술. 학지사.

Germain, C. B., & Gitterman, A.(1980). *The Life Model of Social Work Practice.* NY : Columbia University Press.

____________________(1995). Ecological perspective. In R. L. Edwards (Ed.), *Encyclopedia of Social Work.* Washington : NASW Press.

Gursansky, D., Harvey, J., & Kennedy, Rl.(2003). *Case Management : Policy, Practice, and Professional Busines.* NY : Columbia Press.

Hall, J. A., Carswell, C., Walsh, E., Huber, D. L., & Jampoler, J. S.(2002). Iowa case management : innovative social casework. *Social Work, 47*(2), 132-141.

Harris, M., & Bergman, H. C.(1987). Capitation Financing for the chronically ill. *Hospital and Community Psychiatry, 39.*

Holt, B. J.(2000). *The Practice of Generalist Case Management.* Allyn and Bacon : Needham Heights, M. A.

Intagliata, J.(1982). Improving the quality of community care for chronically mentally disabled : The role of case management. *Schizophrenia Bulletin, 8*(4).

Linz, M. H., McAnally, P., & Wieck, C.(Eds.)(1989). *Case Management : Historical, Current, and Future Perspectives.* Cambridge, MA : Brookline Books, Inc.

Moxley, David P.(1989). *The Practice of Case Management.* Newbury Park, CA : Sage Publications, Inc.

Netting, F. E.(1992). Case Management : Service or Symptom?. *Social Work, 37*(2).

Perlman, H. H.(1979). *Relationship : The heart of helping.* Chicago : University of Chicago Press.

Rapp, C. A., & Kirsthardt, W.(1996). Bridging the gap between principles and practice : Implementing a strengths perspective, In Rose, S. M.(Ed.), *Case Management and Social Work.* NY : Longman.

Ridgely, M. S., & Willenbring, M.(1992). Application of case management to drug abuse treatment : Overview of models and research issues. In Ashery, R.(Ed.), *Program and Issues in Case Management*(NIDA Research Monograph 127), 12-33, Rockville, MD : National Institute on Drug Abus.

Rothman, J., & Sager, J. S.(1998). *Case Management : Integrating individual and community practice.* Boston : Allyn and Bacon.

Saleebey, D.(1997). The strengths perspective in social work practice : Extension and cautions. *Social Work, 41*(3), 296-305.

__________(2009). Power in the people. In D. Saleebey(Ed.), *The Strengths Perspective in Social*

Work Practice(5th ed.). Boston : Person Education.

SSI(1991). *Case Management and Assessment.* practitioners' guide. SWSG.

Timberlake, E. M., Farber, M. Z., & Sabatino, C. S.(2002). *The General Method of Social Work Practice : McMahon's generalist perspective.* Boston, MA : Pearson Allyn & Bacon.

Walsh, J.(2000). *Clinical Case Management with Person Having Mental Illness : A Relationship-Based Perspective.* Belmont, CA : Wadsworth Publishing Company.

Weil, M., & Karls, J. M., et al.(1985). *Case Management in Human Health Service Practice.* San Francisco, CA : Jossey-Bass, Inc.

Woodside, M. R., & McClam, T.(2003). *Generalist Case Management : A Method of Human Service Delivery*(2nd ed). Pacific Grove, CA : Brooks/Cole.

Woodside, Marianne & MeClam, Tricia(2006). *Generalist Case Management : A Method of Human Service Delivery*(3rd ed). Belmont, CA : Thomson Brooks/Cole.

Zastrow, C. H.(1999). *The Practice of Social Work.* CA : Brooks/Cole Publishing Company.

복지로(bokjiro.go.kr 2022. 1. 14. 검색).

찾아보기

저/자/약/력

■ 김만호
경북대학교 대학원 사회복지학과 졸업(문학석사)
경북대학교 대학원 사회복지학과 졸업(문학박사)
한국 SOS 어린이마을 사회복지사
대구상인종합사회복지관 부장
대구가톨릭사회복지회 법인사무국 복지부장
가톨릭상지대학교 사회복지과 교수
현, 계명문화대학교 사회복지상담과 교수
전자우편 : kimho1030@hanmail.net

■ 정일교
중앙대학교 대학원 석사 과정 졸업(사회정책 전공)
일본 關西學院大學 大學院 博士課程 수료(사회복지 전공)
日本福祉大學 大學院 사회복지학 박사
한국복지정책연구소 연구원 근무
일본 자립지원센터 오사카 근무
현, 가톨릭상지대학교 사회복지과 교수
전자우편 : ilgyo314@csj.ac.kr

사례관리의 이론과 실제

|공저자| 김만호 · 정일교

|1판 1쇄| 발행 2022년 3월 10일

|발행인| 김 동 훈
|발행처| 공 동 체

|주소| 경기도 고양시 일산동구 호수로 358-39, 동문타워 I 905호(백석동)
|전화| 031) 814-3000(대표)
|팩스| 031) 814-3100
|홈페이지| http://www.compub.co.kr
|전자우편| compub@naver.com
|출판등록| 2005년 10월 6일
|등록번호| 제396-2005-36호

|ISBN| 979-11-6725-027-8
정가 16,000원